アカデミック・スキルを身につける

聴解・発表ワークブック

犬飼康弘 著

スリーエーネットワーク

Published by 3A Corporation.
Trusty Kojimachi Bldg., 2F, 4, Kojimachi 3-Chome, Chiyoda-ku, Tokyo 102-0083, Japan

ISBN978-4-88319-426-1 C0081

First published 2007
Printed in Japan

はじめに

本書を作成する契機となったのは、1999年に、大学院に進学を希望する、あるいは、既に在籍している留学生に対する口頭発話の授業を任されたことに端を発します。

留学生に必要とされる口頭発話能力の１つとして、口頭発表が挙げられます。しかし、実際に授業で発表させてみると、日本語能力試験１級に合格し、いわゆる上級レベルであるにもかかわらず「何を言っているのかよく分からない」という学習者もいました。

そのため、初めは学習者の発表の中の語彙、文法、発音の問題点等を一つ一つ取り上げ、指導をしていったのですが、そのような方法では、すべての学習者に共通する問題点を見出すことは難しく、また、今後使う機会がないかもしれない表現・語彙等の指導にどれほどの意味があるのだろうかという疑問を拭い去ることはできませんでした。

そこで注目したのが、どのような内容の発表であっても応用可能な、発表の「構成」であり「構成を作り出す表現」でした。

この着想を得た後、発表練習のための試作教材を作成し、「発表の練習をするだけでなく適切なモデルが聞きたい」「発表の聞き取り練習もしたい」など、学習者からの様々な要望に応える形で本書の原型が形成されていきました。このような作成過程において、多くの示唆に富んだコメントを残してくれた学習者の皆さんに、この場を借りて改めて感謝を申し上げます。また、(財) ひろしま国際センターの日本語講師をはじめ、本書を作成する過程において、貴重なご意見、ご助言をしてくださった多くの方々に、感謝の意を表します。編集過程においては、スリーエーネットワークの藤井晶子氏に、多くの貴重なご意見をいただきました。多大なるご迷惑をおかけしたことをお詫びすると共に、お礼を申し上げます。

最後になりましたが、本書が、学習者の皆さん、学習者を支援されている皆さんに少しでもお役に立つことができれば幸いです。

犬飼　康弘

学習者の皆さんへ

このワークブックは、大学での研究活動を支援《しえん》するために、発表の聞《き》き取《と》りと、発表、質疑応答《しつぎおうとう》の練習をするためのものです。

発表の聞《き》き取《と》りや発表をうまくするためには、もちろん日本語の基礎的な能力が重要です。しかし、日本語の知識を増やしていくだけで、聞《き》き取《と》りや発表がうまくできるとは限りません。日本人でも、うまく発表できる人、できない人がいるように、うまく発表するためには、テクニックも必要です。そして、そのテクニックを学ぶことで、次にどのような内容が話されるかを予測する能力を養《やしな》い、聞《き》き取《と》りの能力や発表の能力を伸ばしていけると考えています。

このワークブックの狙《ねら》いは、簡単にまとめると、次の通りです。

(1)「表現」そのものではなく、表現の持つ「機能」に注目を！
(2)「完璧《かんぺき》」に日本語を聞く、話す必要はない！
(3)「唯一《ゆいいつ》、絶対の解答」はない！　考える力を養《やしな》おう！

これだけでは、説明としては不十分《ふじゅうぶん》ですので、以下でもう少し詳《くわ》しく説明します。

このワークブックには、発表でよく使われる「表現」を幾《いく》つか紹介していますが、おそらく、皆さんがよく知っている表現も多いのではないでしょうか。

しかし、ここで重要なのは、「その表現を知っている」ということではなく、「その表現が持つ機能は何か」に注目することです。ですから、ワークブックにある「表現」を使うのではなく、その「表現」の持つ「機能」を使うのだということを意識してください。

このテキストの「表現」は、「絶対に使わなければいけない」というものではなく、同じ機能を持つ表現の「例」として参考にしてください。

皆さんの中には、「『完璧《かんぺき》』に聞《き》き取《と》らなければ」「『完璧《かんぺき》』な日本語を話さなければ」

と思っている人がいるかもしれません。もちろん、完璧《かんぺき》に聞《き》き取《と》れ、話せればいいのですが、それには長い時間が必要です。

このワークブックでは、「完璧《かんぺき》」であることは要求しません。

その代わり、聞《き》き取《と》りの時には、自分がどんな発音の聞《き》き取《と》りが苦手なのか、どんなタイプの言葉をよく間違えるのか、どんな内容が聞《き》き取《と》れなかったのかを理解できればいいのです。自分の弱点を理解していれば、後で、辞書を引いたり、質問をしたりする時に役に立つからです。

発表の時も同じです。たとえ間違いがあっても、聞いている人に内容が正しく伝われば大きな問題ではありません。逆に聞いている人に誤解されたり、何を言っているのか理解できない間違いは、避《さ》けなければなりません。

このワークブックでは、そのためのヒントを段階的に示していますし、練習問題も用意してあります。

練習問題は、データからの情報の読《よ》み取《と》り、次の話題への関連付《かんれんづ》けといった練習を通して、考える力、それを的確に表現する力を養《やしな》うためのものでもあります。

ですから、練習問題には「唯一《ゆいいつ》の解答」というものはありません。練習問題の中の資料（データ）から何を語るかは、あなた次第です。

基礎的な日本語能力は身に付けたけれども、「聞《き》き取《と》りに不安がある」「発表がうまくできない」という方、このテキストを手に取ってみてください。あなたの足りなかった何かが見つかるかもしれません。

このテキストの使い方

第1部

§1　この課のポイント

※ この課のポイント

① 発表全体の流れを知る。

② 発表のための基本的な表現を学ぶ。

課の最初に、学習のポイントが示してあります。
学習の前に必ず、チェックしてください。

§2　言葉

言葉

○ 次の言葉の中で、意味の分からないものがありますか。

分からない言葉は、意味を調べてみましょう。

有毒《ゆうどく》	熱湯消毒《ねっとうしょうどく》
細菌《さいきん》	解凍《かいとう》
総称《そうしょう》	小《こ》分《わ》け
サルモネラ菌《きん》	加熱調理《かねつちょうり》
腸炎《ちょうえん》ビブリオ	沸騰《ふっとう》
O157	殺菌《さっきん》
高温多湿《こうおんたしつ》	流通経路《りゅうつうけいろ》

○ これらの言葉から、どんな発表

その課に出てくる「言葉」です。日本語能力試験1級レベルの言葉や、その課の内容を理解するヒントになる言葉です。
分からない言葉があったら、意味を調べてみましょう。
意味を調べたら、どんな発表か、考えてみましょう。

言葉は、辞書ですべて調べられるとは限りません。百科事典《ひゃっかじてん》やインターネットなど、いろいろな方法で調べてみましょう。
調べても分からなかったら、まず、CDを聞いて、前後の関係から、意味を予測してみましょう。その後、別冊《べっさつ》のスクリプトを見てください。

§3 メモ1

グラフ1 食中毒発生件数《しょくちゅうどくはっせいけんすう》[1]（東京都《とうきょうと》）

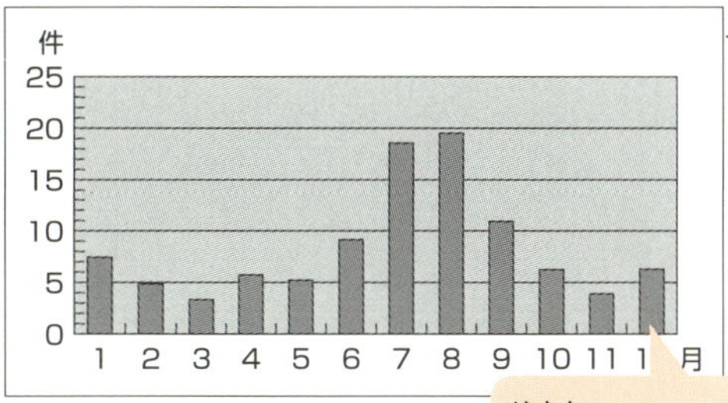

東京都《とうきょうと》食品監視《しょくひんかんし》課

→ 高温多湿《こうおんたしつ》の時期：増

↓

6～8月

白紙《はくし》にメモを取ってみましょう。
表やグラフが書いてあることもあります。メモを取る時に、表やグラフに線や印を書くなどして、うまく利用してください。

メモを見て、正しいものには「○」、間違っているものには「×」を付けてください。

1 （　　）この発表は、食中毒《しょくちゅうどく》の予防方法についてである。

2 （　　）食中毒《しょくちゅうどく》の90%以上が高温多湿《こうおんたしつ》の時期に発生《はっせい》する。

メモが取れたら、メモを見ながら練習問題に答えてください。

§4 考えてみましょう

考えてみましょう

○あなたは、食中毒《しょくちゅうどく》になったことがありますか。

○その時は、何が原因でしたか。

○今、食中毒《しょくちゅうどく》にならないように気を付けていることはありますか。

各課のテーマに関連した、幾《いく》つかの質問について考えてみましょう。
友達と意見交換もして、各課のテーマについて、考えを深《ふか》めるチャンスにしてください。

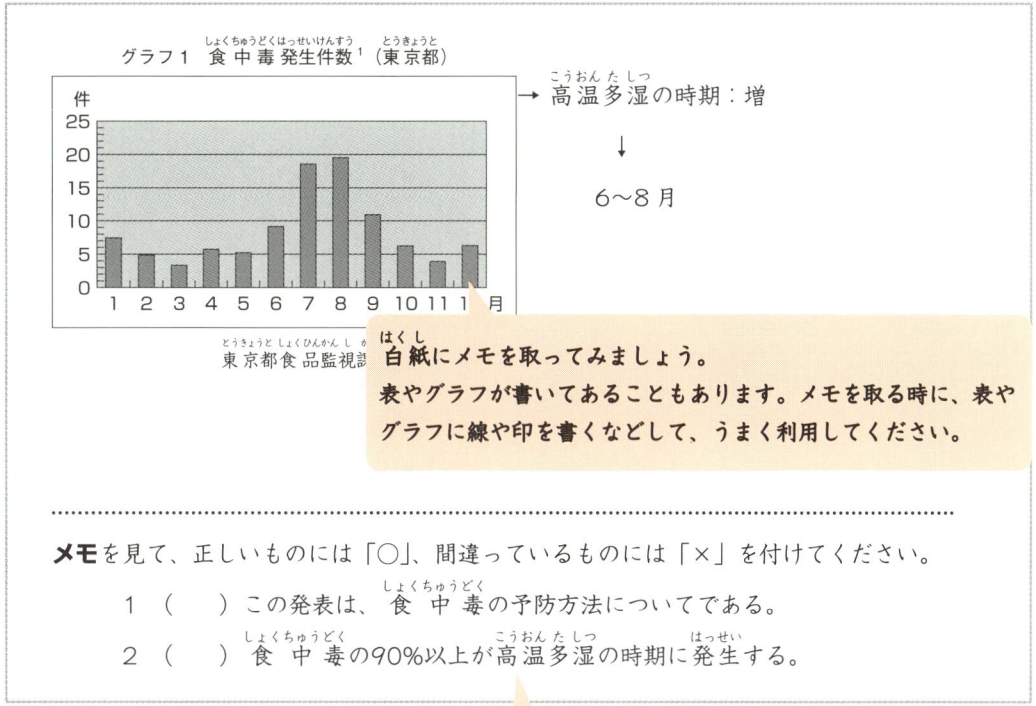

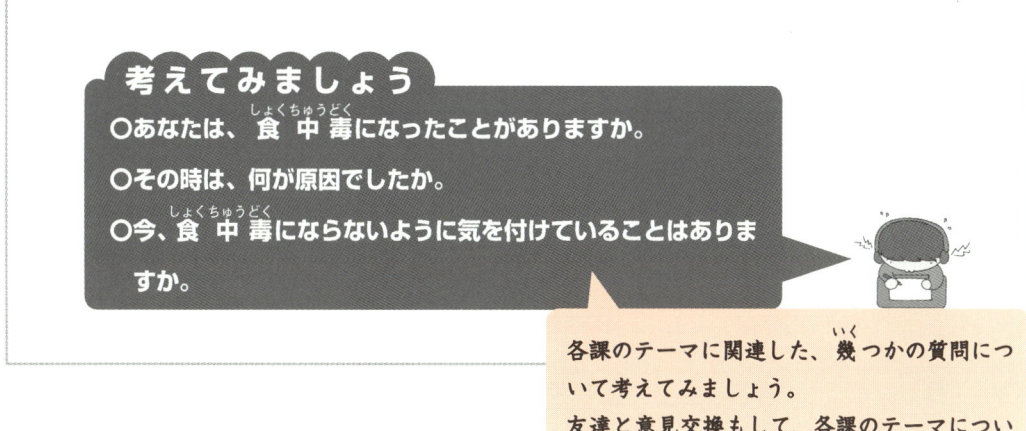

§5 メモ2

○ 食中毒《しょくちゅうどく》を防ぐには？

(1) 細菌《さいきん》を付けない

○ 食事・料理の前：　手を洗う

○ 肉・魚を切る：　包丁・まな板…　熱湯消毒

○ 冷凍食品：　~~レジ~~ レンジ で使う量…解凍　？

メモ1を見ながら＿＿＿に適当な言葉を入れてください。
できないところがあっても、大丈夫《だいじょうぶ》です。
できたら、赤ペンに持《も》ち替《か》えて、もう1度CDを聞き、チェックしましょう。
チェックができたら、メモ2を見ながら、CDのように、発表してみましょう

メモ2のチェックをする時には、どんな発音や言葉を、どのように間違えるのか、確認してください。

§6 メモ3

①それでは、

○食中毒《しょくちゅうどく》について ②発表させていただきます。

・食中毒《しょくちゅうどく》：細菌《さいきん》・化学物質→病気

↓

細菌《さいきん》＝90％以上

グラフ1　食中毒発生件数《しょくちゅうどくはっせいけんすう》[1]（東京都《とうきょうと》）

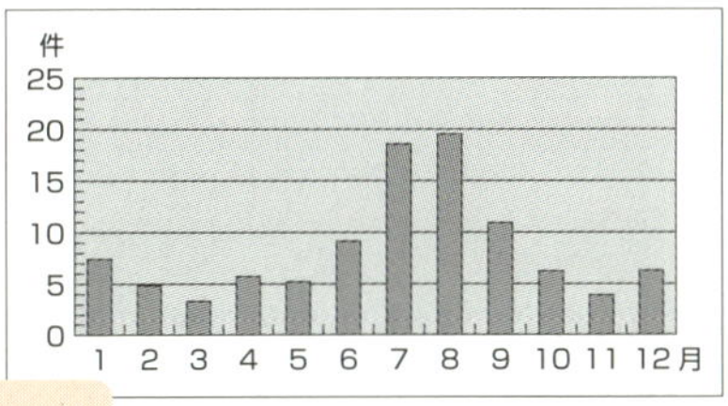

東京都《とうきょうと》食品《しょくひん》監視《かんし》課《か》食中毒《しょくちゅうどく》調査係《ちょうさがかり》

→高温多湿《こうおんたしつ》の時期：増

↓

6〜8月

③それでは

食中毒《しょくちゅうどく》を防ぐために

④…どうすれば良いのでしょうか。

⑤次に、

○食中毒《しょくちゅうどく》を防ぐには？ ⑥…についてお話しします。

（1）細菌《さいきん》を付けない

○食事・料理の前：手を洗う

メモ３では、発表で使われる表現に注目してください。まず、CDを聞いて、 に適当な言葉を書いてみましょう。その後、スクリプトで、チェックしてください。
チェックできたら、 の中の表現を使って、もう1度、発表してみましょう。

§7 練習

テーマ：音楽の録音方法

I　録音の仕方⇒ 2種類 ── アナログ録音

いよいよ練習問題です。 に入る表現に注意して、実際に発表してみましょう。
練習問題は、発表全体ではなく、発表の一部です。常に、発表のどの部分を話しているのかを意識するようにしてください。
練習でした発表は、テープなどに録音しておきましょう。

※発表の準備をする時、原稿《げんこう》は、絶対に書かないでください。

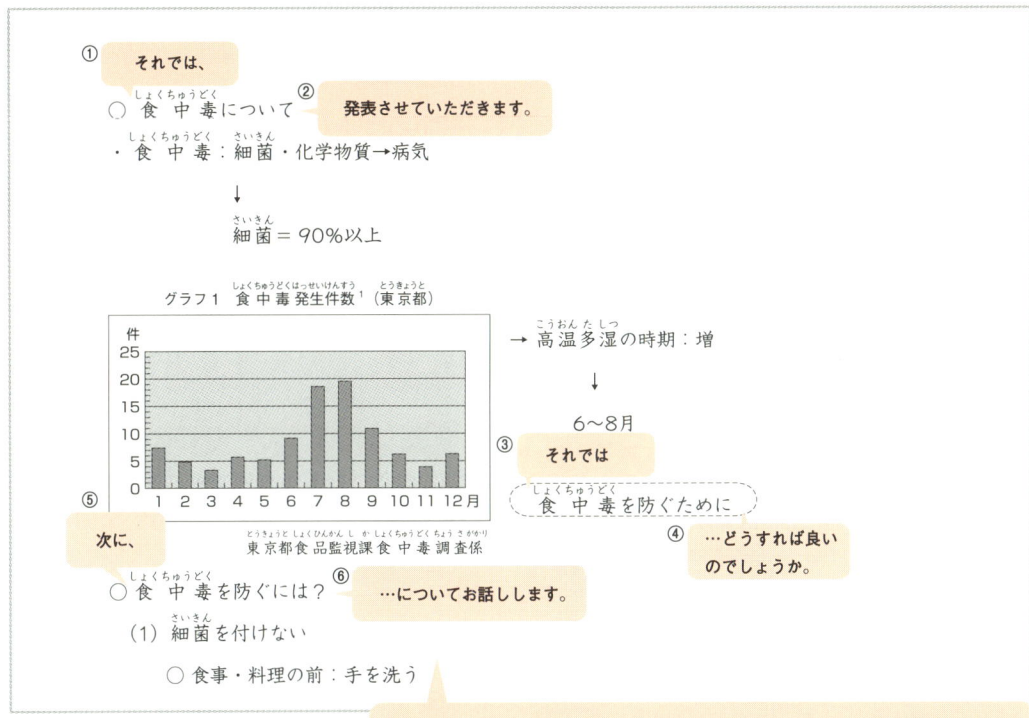

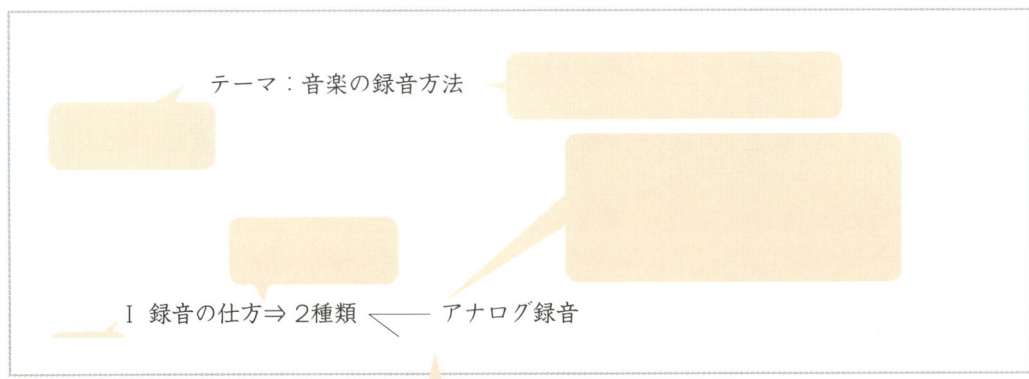

§8　表現(別冊《べっさつ》)

〈分類〉○ …は、…によって、…、…、…、の○種類に分類できます。

○ …は、…によって、…、…、…、の○種類に分けられます。

○ …は、…によって、○種類に分けられます。
それは、…、…、…、です。

○ …は、…によって、さらに、…、…、…、の…種類に分けられます。

○ …は、大きく分けると、……

○ …は、細かく分けると、……

その課で発表する時に、特に気を付けてほしい表現です。既《すで》に知っている表現が多いと思いますが、練習をしてみて、「うまくできないな」「ほかの言い方がないかな」と思ったら、見てください。
大切なのは、言葉の機能です。ですから、ここにある表現を「使わなければならない」ということではありません。
同じ機能を持った、ほかの表現を探してみましょう。

§9　スクリプト(別冊《べっさつ》)

スクリプト 5～11

6

それでは、食中毒《しょくちゅうどく》について、発表させていただきます。

食中毒《しょくちゅうどく》とは、有毒《ゆうどく》な細菌《さいきん》や化学物質などを含む飲食物《いんしょくぶつ》を、食べたり飲んだりした結果、起こる病気の総称《そうしょう》です。
食中毒《しょくちゅうどく》の中で最も多いのはサルモネラ菌《きん》や腸炎《ちょうえん》ビブリオ、O157などの細菌《さいきん》が原因のもので、90%以上がこれに当たります。ですから、細菌《さいきん》が増えやすい高温多湿《こうおんたしつ》の時期

発表CDの内容です。どうしても聞《き》き取《と》れない音や言葉があったら、確認してください。
また、すべての練習が終わった後でも、CDと同じように発表できるよう、CDを聞きながら、声に出して発表する練習をしてみましょう。文法や言葉の使い方だけでなく、発音、アクセント、イントネーションにも注意してください。

§10　課題《かだい》Ⅰ

第1部のまとめとして、課題《かだい》Ⅰがあります。

決められたテーマやデータを基に、発表に使う、レジュメや提示《ていじ》資料を作って、発表してみましょう。

第2部

第2部では、長い発表を少しずつ分けて聞き、発表だけでなく質疑応答《しつぎおうとう》の練習もします。課の構成も少し違いますので、気を付けてください。

§1　この課のポイント

※ この課のポイント

○ 序論《じょろん》の構成を確認する。

○ 適切な方法で質問をする。

第1部と同じように、学習のポイントが示してあります。学習の前にチェックしてください。

§2　言葉

言葉

○ 次の言葉の中で、意味の分からないものがありますか。

分からない言葉は、意味を調べてみましょう。

少子化《しょうしか》	企業《きぎょう》
育児《いくじ》	支援《しえん》
両立《りょうりつ》	保育所《ほいくしょ》

ここも第1部と同じです。分からない言葉があったら、意味を調べてみましょう。
意味を調べたら、どんな発表か考えてみましょう。

§3 メモ

少子化《しょうしか》の原因

—育児と仕事の両立《りょうりつ》という観点《かんてん》から—

1　はじめに

1-1　日本の合計特殊出生率《ごうけいとくしゅしゅっしょうりつ》

・合計特殊出生率《ごうけいとくしゅしゅっしょうりつ》：1人の女性が生涯《しょうがい》に産《う》むと思われる子供の平均数

↓

低下… 少子化《しょうしか》問題が深刻化

グラフ1　合計特殊出生率《ごうけいとくしゅしゅっしょうりつ》の推移《すいい》

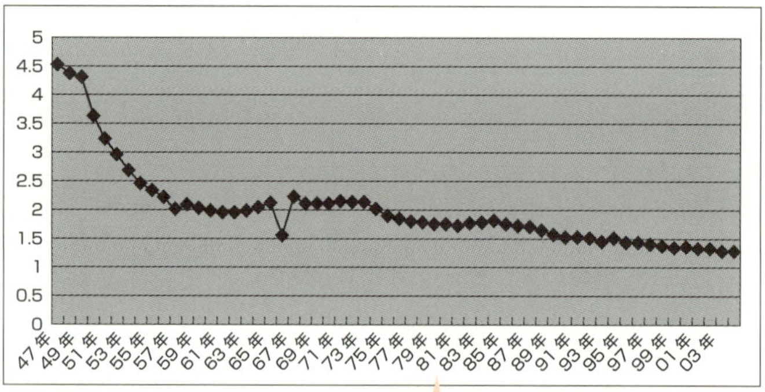

第2部では、レジュメにメモを取ります。
レジュメにない情報をメモするだけでなく、疑問に思ったことなどをメモしてください。

§4 問題

問題　**メモ**をしたレジュメを見ながら、次の問題に答えてください。

(1)　合計特殊出生率《ごうけいとくしゅしゅっしょうりつ》とは何ですか。簡単に説明してください。

⇒ ＿＿＿＿＿＿＿＿＿＿＿＿＿＿＿＿＿＿＿＿

(2)　日本の合計特殊出生率《ごうけいとくしゅしゅっしょうりつ》は、どのような傾向にありますか。

レジュメとレジュメに取ったメモを参考に、問題に答えてください。

§5　考えてみましょう

考えてみましょう

晩婚化《ばんこんか》の要因《よういん》:「仕事のためには、独身のほうが良い」
「家事、育児に対する負担感、拘束感《こうそくかん》が大きい」

本当?
どうして?

質疑応答《しつぎおうとう》の場面です。
どのように質問をするか、どのように回答するかを考えてみてください。
質問の仕方や回答の仕方の例は、次のページにあるので、参考にしてください。

§6　表現(別冊《べっさつ》)

表現

〈前置《まえお》き〉

〔発表のお礼を言う場合〕

大変興味深《きょうみぶか》い発表をありがとうございました。

第2部では、質疑応答《しつぎおうとう》の時に使う表現が中心です。質疑応答《しつぎおうとう》では、「分かりやすくする」だけでなく、「失礼にならない」ように注意してください。

§7　スクリプト(別冊《べっさつ》)

スクリプト 56〜65

57

それでは、発表を始めさせていただきます。
発表の題目《だいもく》は「少子化《しょうしか》の原因―育児と仕事の両立《りょうりつ》という観点《かんてん》から―」です。
資料は、全部でA4、5枚です。
資料はお手元《てもと》にございますでしょうか。

第1部と同じです。聞《き》き取《と》れなかった言葉を確認したり、CDを聞きながら、声に出して練習してみましょう。

§8 課題《かだい》Ⅱ

課題《かだい》Ⅱは、発表と質疑応答《しつぎおうとう》の練習のまとめです。

発表のテーマは、皆さんが決めてください。

課題《かだい》Ⅱは、第2部の学習をしながら、少しずつ進めていってください。

お使いになる先生方へ

このワークブックは、大学での研究活動を支援するために、発表の聞き取りと、発表、質疑応答の練習をするためのものです。

対象レベルは、日本語能力試験２級以上を想定しています。

発表の聞き取りや発表をうまくするためには、日本語の基礎的な能力が重要です。しかし、日本語の知識を増やしていくだけで、聞き取りや発表がうまくできるとは限りません。日本人でも、うまく発表できる人、できない人がいるように、うまく発表するためにはテクニックも必要です。そして、そのテクニックを学ぶことで、次にどのような内容が話されるかを予測する能力を養い、聞き取りや発表の能力を伸ばしていけると考えています。

このワークブックは、基本練習編である第１部と、応用練習編である第２部との２部構成になっています。以下では、効果的にお使いいただくためのヒントを実際の授業の流れに沿って、まとめておきます。

第１部 〈基本練習編〉

第１部では、まず、発表を聞き取り、メモを取ることから始めます。

記憶力の良い学習者であれば、メモを取らなくても「問題」に答えることができるかもしれません。しかし、メモを取らなければ、記憶はやがて薄れていってしまいます。そのため、メモを取る必要性を理解してもらえるよう、導入時に配慮します。

最初は十分にメモを取ることができない学習者が多いと思います。しかし、課を重ねるごとに、学習者がそれぞれに合った方法を模索し、上達していきます。メモ１の内容をメモ２で確認しながら、その都度、学習者の伸長を確認するようにします。

一方で、「清濁の聞き分け」「長音・促音・撥音の脱落」など、１度言っただけで簡単に修正できないことも多いのではないでしょうか。

発音上、表記上の問題点は、繰り返し指導する必要があると思いますが、学習者に「正解」を与えるだけでなく、どのような間違いをする傾向があるのかを学習者自身が把握できるよう指導します。

それは、自分の間違いの傾向を知ることにより、「不正確なために意味が通じないのかもしれない」と気が付き、質問したり、確認したりするきっかけになると考えるからです。

メモ１を基に、メモ２に適当な言葉を書き込むことができたら、次に、メモ２を見ながら、実際に発表するように学習者に発表してもらいます。

何人かの学習者は、「どのように話を始めたらいいのか」「次の話題へ移りたいが、うまく言葉がつなげない」などの問題で、発表が冗長になったり、途中で止めてしまうということがあるかもしれません。そのような場合は、学習者がどのような部分で困難を感じたかを確認し、場合によっては無理に最後まで発表をさせず、メモ３に移ります。

メモ３では、「分かりやすい発表」のために必要な表現が で示してあります。

この の表現の持つ機能と構成の関係を説明し、メモ２の発表時に学習者が感じた困難の解消を図ります。また、 の表現は、「この発表」にだけ有効なものではなく、内容が違う他の発表にも使えるものであることを確認します。

別冊には、幾つか同様の機能を持つ表現を挙げていますが、「必ずその表現を使わなければならない」というものではありません。あくまでもヒントとして提示し、同じ機能を持つ他の表現を学習者に挙げさせたりしても良いでしょう。

この の表現を確認した後、再度、学習者に発表をしてもらいます。

最後は、メモ３で確認した表現を別の内容で使ってみる練習問題を行います。

幾つかのデータは提示してありますが、「問題提起」や「方向付け」、「データの解釈」、「発表者の意見」などは、学習者に考えさせるようにします。

もし、授業の中で意見の食い違いが見られたら、時間の都合にもよりますが、ディスカッションをさせても良いでしょう。質疑応答は第２部で扱いますが、このようなディスカッションも参考に、質疑応答の指導の重点をどこに置くかを考えます。

また、練習問題でどのように回答したらいいのか分からない学習者がいる場合、スクリプトも参考にしてもらいます。スクリプトは構成要素が変わる所などで１行空け、構成や必要な表現が分かりやすくしてあります。必要な構成要素が入っているか確認しながら回答を考えるよう指導します。

練習問題の発表は、ビデオに録画し、後で全員で視聴します。

おそらく、１度の発表で、文法や語彙の間違い、発音上の問題など、多くの問題点が確認できると思います。しかし、１度に全部のことを注意しても学習者は混乱してしまいますから、聞き手に誤解を生じさせない程度の間違いは、あまり気にしなくても良いでしょう。

学習者の中には、細かな文法的な間違いばかり気にするタイプもいますが、それよりも、より大きな視点で、メモ３で確認した の表現の持つ機能や構成との関係に注意し、聞き手の予測能力を最大限活用するように指導します。

また、学習者の中には、「長い文」が「良い文」であると誤解している人もいます。そのため、「問題提起」「方向付け」といった構成要素を、１つの文にしてしまうことがあります。

日本語母語話者であれば、巧みな言語操作によって、そのような話し方でも意図を通じさせることができるかもしれませんが、様々な面で「不正確さ」が残る学習者がこのような話し方をするのは、聞き手に誤解を与える危険性を大きくしてしまうのではないでしょうか。

そのため、多少スマートではない印象を与えたとしても、「１つの文」に「複数の構成要素」を入れないよう指導します。

そのほかにも、思いつくままに話してしまうために、結局、何が言いたいのか伝わらなくなってしまうケースもあります。「構成そのものが良くない」「構成と表現が一致していない」「構成を表す表現が不正確」など、いろいろなケースがあると思いますが、こうした問題はビデオを見るだけでは十分に認識できないこともあります。そのような時には、ビデオの音声を文字化し（一部分だけ抜き出す場合もあります）、学習者に「どこに」「どのような」問題があったのかが、はっきりと分かるようにします。

第１部のまとめとして、課題Ⅰが設定してあります。

既に用意されているデータを使って、学習者それぞれが構成を作り、中間発表会をします。

課題Ⅰの準備の際に、原稿を書きたがる学習者がいるかもしれませんが、原稿を書いてしまうと読んでしまいます。読むことにより、「考えて話す」ことができなくなります。後の第２部では質疑応答の練習を行いますが、このような「読む」練習をすることで、質疑応答やディスカッションの際に必要な、即時対応能力の養成が阻害されてしまう可能性があるため、原稿は書かせないようにします。

この練習問題や課題は、「発表」の練習ではありますが、一方で、「自分の話」を「自分で聞き」「次に何を話せば良いか」を考える、いわば談話のコントロールのトレーニングでもあるのです。

第2部 〈応用練習編〉

次に、第２部ですが、第２部は、学習者それぞれの興味関心に基づきテーマを設定して行う、課題Ⅱの作成と並行して進めます。

第２部では、メモはレジュメに取ります。第１部に比べ、メモを取る量は少なくてすむと思いますが、その代わりに、発表を聞いて疑問に思ったことを考えながら聞くよう指導します。発表者の意見を鵜呑みにするのではなく、「批判的に」聞くトレーニングも必要です。

疑問点などが出てきた場合には、質問を受け、ディスカッションをするなどの時間を設けます。また、「問題」は、単に聞き取れた内容の確認をするだけでなく、学習者同士の質疑応答の練習にも利用できます。

質疑応答の方法については、第２部の各課に段階的に示してあります。

質疑応答の際には、母語を直訳してしまうためか、「主張が強い」「失礼だ」といった印象を与えてしまう傾向が見られることがあります。

これまでに「そのような指摘を受けたことがない」と主張する学習者もいるかもしれませんが、周囲の先生や日本人学生は「指摘しなくても思っている」可能性があることを伝えます。

もちろん、「このように話しなさい」と強制することはできません。人によっては、婉曲的な話し方を嫌うこともあります。しかし、知らず知らずのうちに「失礼な態度」を取り、不利益を被ることは避けたいところです。日本人がどのように感じるのか、それを回避するための選択肢として提示すると良いでしょう。

このような質疑応答の練習は、課題Ⅱの発表（研究の途中段階での発表でも構わない）と、それに対する質疑応答を行うことにより、より実践的になります。

最終的には、課題Ⅱを使った研究発表会を実施します。この時には、ゲストも呼んで、実際の研究発表会のような緊張感が持てるようにすると良いでしょう。

以上、このワークブックを効果的に使う上でのポイントを書きましたが、常に心にとめておくことは、学習者が自分の能力を正確に理解し、聞き取りや発表、質疑応答の場面で、「重大なミス」を犯さないようにするということです。

このワークブックで問題にする「重大なミス」とは、次のようなことを指します。

〈学習者が聞き手である場合〉

・分からなかった（あるいは疑問に思った）ことを分からないままにしておくこと

・分かっていないことにすら気が付かないこと

など。

〈学習者が話し手である場合〉

・聞き手に何を話したいか伝わらないこと

・伝わっていないことにすら気が付かないこと

・失礼だと思われるなど、聞き手の話を聞く姿勢を保てないこと

など。

つまり、このワークブックでは、新しい表現を覚えたり正確さを高めるだけでなく、問題点を正確に把握し、適切に対処できるようになる能力の養成も目指しているのです。

そのため、学習者に日本語能力の伸長を伝えると共に、未解決の問題点を知らせる「フィードバック」が最も重要であり、日本語教師が果たすべき役割であると考えています。

このワークブックは、週２コマ（90分×２）、15週間で実施できるよう作成されておりますが、以上のようなことを参考に、それぞれの現場の特徴に合わせてお使いいただければと思います。

目　次

ウォーミング アップ
—「メモを取る練習」と「構成の確認」—

第1課に入る前に

① メモを取る練習をしておきましょう。

② 発表全体の流れが、どのようになっているか、構成を確認しておきましょう。

メモを取る練習

○メモは、完全に取れる必要はありません。

○分からないところがあったら、「分からない」という印が付けられれば、まずはOKです。

○分からないことが分かれば、後で、質問したり、調べたりすることができます。

○重要なのは、「自分の力を正確に知る」ということです。
「できない」と思わないで、まずは、手を動かしてみてください。

§1　重要な言葉を中心に短く

（1）　IT革命《かくめい》は、10年ぐらい前に、欧米で起こりました。

⇒IT革命《かくめい》　10年ぐらい前、欧米で起こった

point ：普通体にする

「助詞《じょし》」は、できるだけ省略する

（2）　水底《すいてい》に非常に圧力《あつりょく》がかかります。

⇒水底《すいてい》に圧力《あつりょく》

point ：「非常に」「すごく」「とても」など「副詞」「形容詞」は書かない

（3）　NEETと言われる人々《ひとびと》が問題視《もんだいし》されているわけです。

⇒NEETが問題視《もんだいし》

point ：「〜のです」「〜わけです」「〜と思います」などは書かない

（4）　すべての問題を解決するのは無理です。

⇒すべての問題解決、無理

point ：「な形容詞」「名詞」の場合、「簡単です」は「簡単」の形で終わり、「課題《かだい》でした」は「課題《かだい》」の形にする

§2　助詞《じょし》で終わる

※ 主に「変化」「疑問」「継続《けいぞく》」「希望」などを表す文で、後ろにどんな言葉が来るか予想《よそう》できる時は、その言葉は書きません。

(1)　悪天候《あくてんこう》が収穫《しゅうかく》に影響《えいきょう》するのでしょうか。

⇒悪天候《あくてんこう》 収穫《しゅうかく》に影響《えいきょう》か？

point ：「〜でしょうか／〜のでしょうか」⇒「か？」

(2)　この店の売り上げは100万円に達した。

⇒店の売り上げ 100万円に

point ：「〜に なる／する／向かう」⇒「〜に」

(3)　2012年のオリンピックはロンドンで行われることになった。

⇒2012年 オリンピック、ロンドンで

point ：「〜で する」⇒「〜で」

(4)　年内《ねんない》に法案《ほうあん》成立をしてほしい。

⇒年内《ねんない》に法案《ほうあん》成立を

point ：「〜を してほしい／目指す」⇒「〜を」

§3　「動詞」や「形容詞」などを漢字1文字や漢字熟語《じゅくご》に

大きいです⇒大　　　小さいです⇒小

増えました⇒増　　　減りました⇒減

難しいです⇒難　　　簡単です　⇒容易⇒易

あります　⇒あり（有）　　　ありません⇒なし（無）

できます　⇒可能⇒可　　　できません⇒不可能⇒不可

必要です　⇒要《よう》　　　必要ではありません⇒不要《ふよう》

〜に着きました⇒〜に到着⇒着

〜を出ました　⇒〜を出発⇒発

§4　記号・略語《りゃくご》などを使う

※ 記号は自分で分かれば良いので、「使いやすい」「分かりやすい」ように使ってください。

ページ：p／pp　テキストの5ページに書いてあります。

⇒テキストp5

参照《さんしょう》：cf／ref　詳細《しょうさい》はテキストを見てください。

⇒refテキスト

例：eg／ex　「銀行」の倒産《とうさん》は日本の不景気《ふけいき》のいい例です。

⇒日本の不景気《ふけいき》　eg銀行の倒産《とうさん》

など：etc　少子化《しょうしか》の原因として、女性の社会進出《しんしゅつ》、育児環境の不《ふ》備《び》、教育費が高いことなどが挙《あ》げられます。

⇒少子化《しょうしか》←女性の社会進出《しんしゅつ》、育児環境不備《ふび》、教育費高etc

同じ：＝　AとBは同じです。

⇒A=B

同じではない：≠　AとBは同じではありません。

⇒A≠B

あるいは：／　AかBです。

⇒A／B

定義《ていぎ》・内容：：　ここでいう「若者《わかもの》」とは20から25歳の人のことです。

⇒若者《わかもの》：20〜25歳

反対：↔　東京《とうきょう》の人と大阪《おおさか》の人の意見は全く反対という結果でした。

⇒東京《とうきょう》の人 ↔ 大阪《おおさか》の人

重要：◎／※／☆

国会で十分議論《ぎろん》がされなかったということが重要なんです。

⇒☆国会で十分議論《ぎろん》されず。

分からない言葉／疑問に思ったこと：？

⇒日本では、現在、にいと？ と呼ばれる若者《わかもの》が問題になっている。

科学記号：CO_2／O_2…

二酸化炭素《にさんかたんそ》が増加しています。

⇒CO_2 増

アルファベットの頭《かしら》文字《もじ》：USA／PC…

パーソナル コンピューターは…

⇒PCは…

明治《めいじ》 ⇒M

大正《たいしょう》 ⇒T

昭和《しょうわ》 ⇒S

平成《へいせい》 ⇒H

§5　メモを取る

(1) CDを聞いて、重要なポイントだけを箇《か》条《じょう》書《が》きにしてみましょう。

例)　3

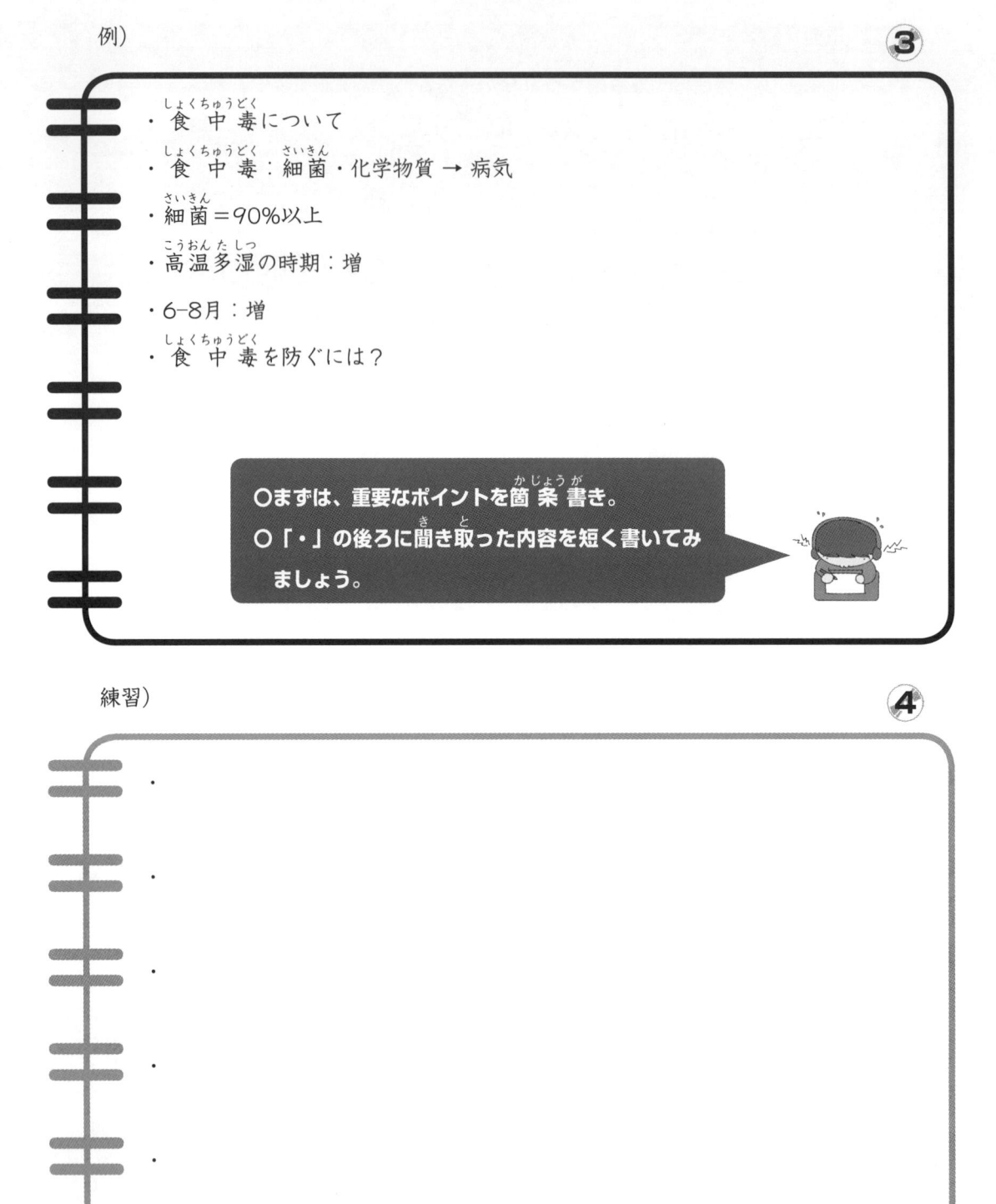

・食《しょく》中《ちゅう》毒《どく》について

・食《しょく》中《ちゅう》毒《どく》：細菌《さいきん》・化学物質 → 病気

・細菌《さいきん》＝90%以上

・高温《こうおん》多湿《たしつ》の時期：増

・6–8月：増

・食《しょく》中《ちゅう》毒《どく》を防ぐには？

○まずは、重要なポイントを箇《か》条《じょう》書《が》き。

○「・」の後ろに聞《き》き取《と》った内容を短く書いてみましょう。

練習)　4

・

・

・

・

・

・

（2）（1）で練習したメモを使って、前後の関係を線で表したり、不必要な部分は削除《さくじょ》しましょう。

例）

○ 食中毒《しょくちゅうどく》について

・食中毒《しょくちゅうどく》：細菌《さいきん》・化学物質→病気
↓
細菌《さいきん》＝90％以上
高温多湿《こうおんたしつ》の時期：増
↓
6～8月

○ 食中毒《しょくちゅうどく》を防ぐには？

○前後の関係を「→」や「↓」で表してみましょう。
○不要《ふよう》な部分は、消しましょう。
○「話題」が変わったと思う部分には「○」をつけて、区切《くぎ》りをつけましょう。

練習）

回答例は８ページ!!

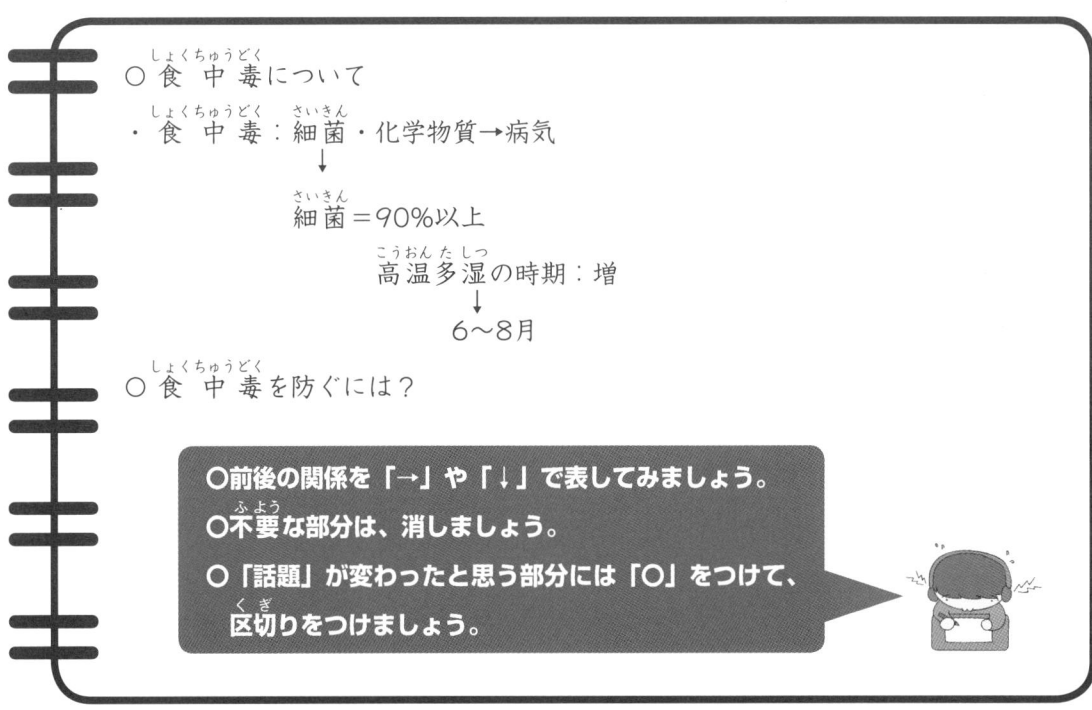

§6　回答例

§5（1）の回答例

・小学校からの英語教育

・2002年 → 「総合的《そうごうてき》な学習」: 3年生以上で英語選択《せんたく》可

・「聞く」「話す」中心 → 外国生活・文化に親《した》しむ：目的

・2005年：公立小《こうりつしょう》の93.6%

・日常的に使わない/日本語不十分 → 疑問

・メリット・デメリット

§5（2）の回答例

○ 小学校からの英語教育

・2002年 → 3年生以上で英語選択《せんたく》可

「聞く」「話す」中心 → 外国生活・文化に親《した》しむ：目的

↓

・2005年：公立小《こうりつしょう》の93.6%

↓

日常的に使わない
日本語も不十分
} 疑問

○メリット・デメリット

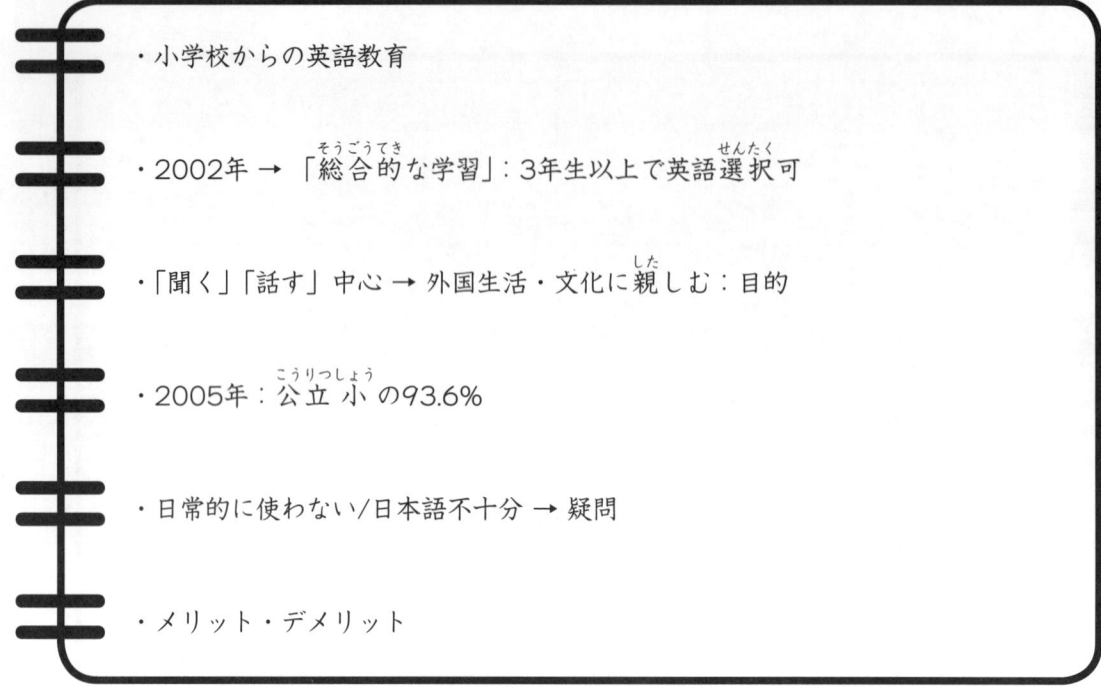

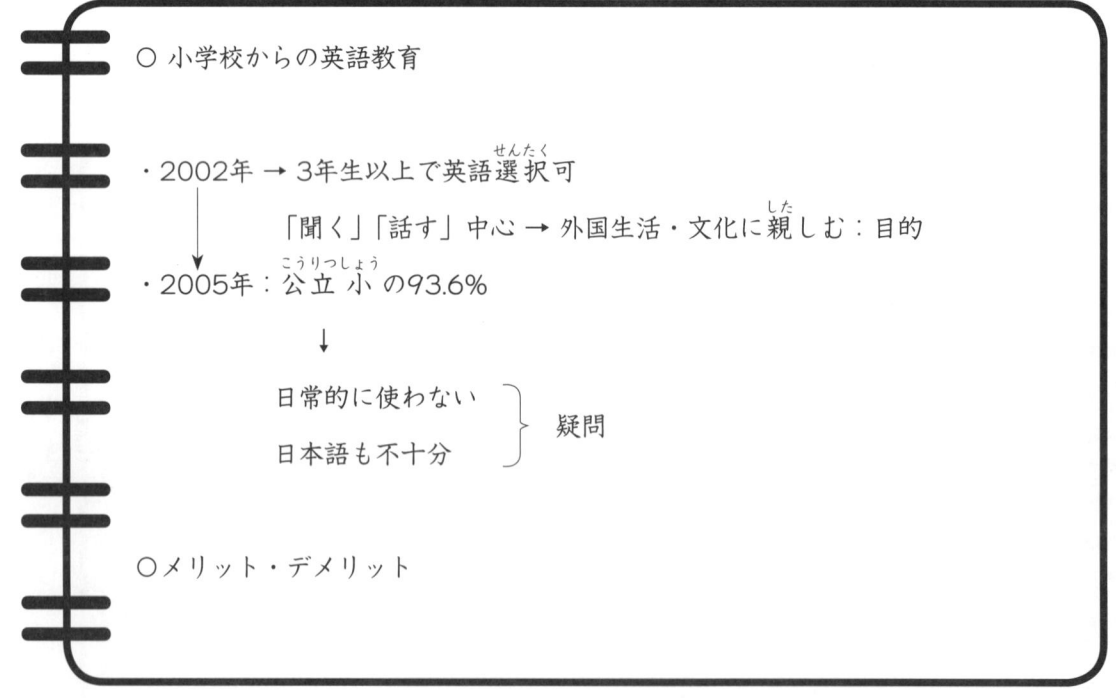

構成の確認

発表を聞いたり、したりする時には、「構成」を理解しておくことが大切です。

下の図は、基本的な発表の流れを表しています。

今、自分が何を話しているのか、どの部分を話しているのかを常に確認しながら進めていきましょう。

	開始《かいし》の宣言《せんげん》	○発表の開始を宣言《せんげん》する
序論《じょろん》	背景説明《はいけいせつめい》	○発表の前提《ぜんてい》となる現状・背景《はいけい》などを説明する
	問題提起《もんだいていき》	○問題点を指摘《してき》し、疑問点を挙《あ》げる
	方向付《ほうこうづ》け	○研究全体を通して、何を、どのように明らかにするかを示す
	全体《ぜんたい》の予告《よこく》	○発表全体の予告《よこく》をする。短い発表ではしないこともある
本論《ほんろん》	論拠提示《ろんきょていじ》	○結論を出すために必要な事実の説明とそれに基づいた意見を示す
	行動提示《こうどうていじ》	○次にどのような話をするかを聞《き》き手《て》に示す
	事実《じじつ》の説明《せつめい》	○「データの提示《ていじ》」「データの説明」「データの解釈《かいしゃく》」から構成される
	データ提示《ていじ》	○データの概要《がいよう》や見方、出典《しゅってん》についての説明をする
	データ説明《せつめい》	○データの内容について具体的に説明をする
	データ解釈《かいしゃく》	○説明した内容を基に、分かったことを述べる
	発表者《はっぴょうしゃ》の意見《いけん》	○事実に基づいて意見を述べる。本論《ほんろん》の途中では、問題提起《もんだいていき》のような形を取ることもある
	結論《けつろん》の提示《ていじ》	○論拠《ろんきょ》から導《みちび》いた結論を示す
結《むす》び	全体《ぜんたい》のまとめ	○発表全体の流れと、研究の成果《せいか》を示す
	今後《こんご》の課題《かだい》	○より良い研究にするため、今後、必要なことを述べる
	終了《しゅうりょう》の宣言《せんげん》	○発表の終了を宣《せん》言《げん》し、質問や意見を促《うなが》す

○発表する時には、「構成」が大切です。

○大きく、「序論《じょろん》」「本論《ほんろん》」「結《むす》び」に分けられます。

○もちろん、これ以外の構成で話しても問題ありません。
大切なことは、聞《き》き手《て》に研究内容が、はっきりと伝わることです。

○そのための表現に注意しながら、進めていきましょう。

第1部

― 基本練習編 ―

第1部のポイント

① CDを聞き、メモを取ることができるようになる。

② 発表全体の流れを知り、適切な表現を使って発表できるようになる。

第1課　食中毒《しょくちゅうどく》

序論《じょろん》

※ この課のポイント

① 発表全体の流れを知る。

② 発表のための基本的な表現を学ぶ。

本論《ほんろん》

言葉

○ 次の言葉の中で、意味の分からないものがありますか。

分からない言葉は、意味を調べてみましょう。

有毒《ゆうどく》	熱湯消毒《ねっとうしょうどく》
細菌《さいきん》	解凍《かいとう》
総称《そうしょう》	小分《こわ》け
サルモネラ菌《きん》	加熱調理《かねつちょうり》
腸炎《ちょうえん》ビブリオ	沸騰《ふっとう》
0157	殺菌《さっきん》
高温多湿《こうおんたしつ》	流通経路《りゅうつうけいろ》

結《むす》び

○ これらの言葉から、どんな発表か、予想《よそう》してみましょう。

メモ1　CDを聞いて、メモを取ってみましょう。

5〜11

・食《しょく》中《ちゅう》毒《どく》について

○まずは、聞《き》き取《と》った内容を「・」に続けてメモしてみましょう。

・食《しょく》中《ちゅう》毒《どく》：細菌《さいきん》・化学物質→病気

・細菌《さいきん》＝90％以上

グラフ1　食《しょく》中《ちゅう》毒《どく》発生件数《はっせいけんすう》[1]（東京都《とうきょうと》）

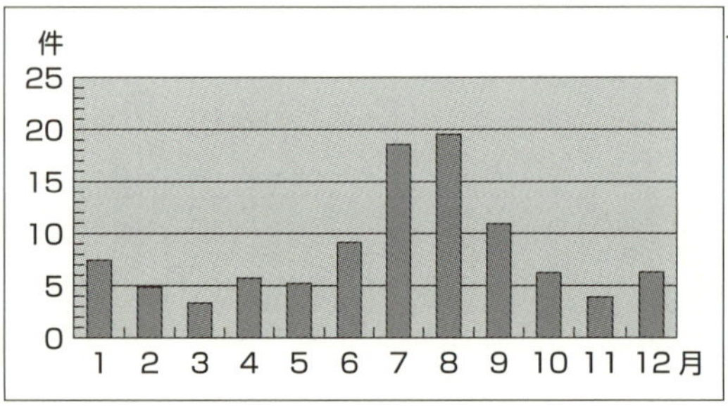

東京都《とうきょうと》食品《しょくひん》監《かん》視《し》課《か》食《しょく》中《ちゅう》毒《どく》調《ちょう》査《さ》係《がかり》

→ 高温《こうおん》多《た》湿《しつ》の時期：増

↓

6〜8月

1　平成6年から平成15年までの平均値

序論《じょろん》

本論《ほんろん》

結《むす》び

メモを見て、正しいものには「○」、間違っているものには「×」を付けてください。

1 (　　) この発表は、食中毒《しょくちゅうどく》の予防方法についてである。

2 (　　) 食中毒《しょくちゅうどく》の90%以上が高温多湿《こうおんたしつ》の時期に発生《はっせい》する。

3 (　　) 小分《こわ》けにして冷蔵庫に入れると、細菌《さいきん》が増えるのを予防できる。

4 (　　) 買い物は、食品の新鮮《しんせん》さに注意するだけで良い。

5 (　　) 今後の研究課題《かだい》は、食中毒《しょくちゅうどく》が予防できない理由についてである。

考えてみましょう

○あなたは、食中毒《しょくちゅうどく》になったことがありますか。

○その時は、何が原因でしたか。

○今、食中毒《しょくちゅうどく》にならないように気を付けていることはありますか。

メモ2　**メモ1**を見ながら、＿＿＿に適当な言葉を書いてみましょう。

5〜11

○ 食中毒《しょくちゅうどく》について

・食中毒《しょくちゅうどく》：細菌《さいきん》・化学物質→病気

↓

細菌《さいきん》＝90%以上

グラフ1　食中毒発生件数《しょくちゅうどくはっせいけんすう》[1]（東京都《とうきょうと》）

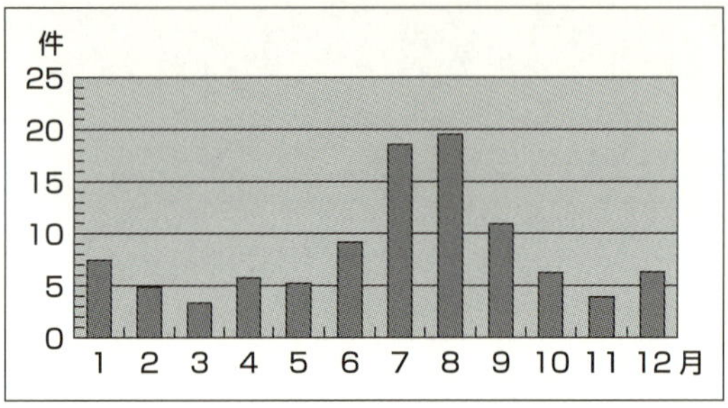

東京都《とうきょうと》食品監視課《しょくひんかんしか》食中毒《しょくちゅうどく》調査係《ちょうさがかり》

→ 高温多湿《こうおんたしつ》の時期：増

↓

6〜8月

○ 食中毒《しょくちゅうどく》を防ぐには？

（1）＿＿＿＿＿＿＿＿＿＿

○ 食事・料理の前：＿＿＿＿＿＿＿＿＿＿＿＿＿＿

○ 肉・魚を切る：＿＿＿＿＿＿＿＿＿＿＿＿＿＿

○ 冷凍食品：＿＿＿＿＿＿＿＿＿＿＿＿＿＿

（2）＿＿＿＿＿＿＿＿＿＿

＿＿＿＿＿＿＿＿＿＿…＿＿＿＿＿＿＿＿＿＿

＿＿＿＿＿＿＿＿＿＿

（3）加熱調理《ちょうり》する＝＿＿＿＿＿＿＿＿＿＿

○ 温め直す →＿＿＿＿＿＿＿＿＿＿

○ スープ・みそ汁《しる》 →＿＿＿＿＿＿＿＿＿＿

1　平成6年から平成15年までの平均値

(4) その他《た》

○ 買い物

・ ______________________

・ ______________________

・ 冷凍冷蔵《れいぞう》が要 → ________________

○ まとめ

・ ______________________

・ ______________________

・ ______________________

○ 今後の課題《かだい》

・ ______________________
・ ______________________ } ______________________
・ ______________________

○ **赤ペン**に持《も》ち替《か》えてください。

もう1度CDを聞いて、書けなかったところを確かめてみましょう。

○ **メモ2**を見て、CDのように発表してみましょう。

○うまくできましたか。

○あなたは、発表の時、どんなことに注意しましたか。それは、どうしてですか。

序論《じょろん》

本論《ほんろん》

結《むす》び

メモ3

もう1度CDを聞いて、［　　］に適当な言葉を書いてみましょう。

5～11

○ 食中毒《しょくちゅうどく》について

・食中毒《しょくちゅうどく》：細菌《さいきん》・化学物質→病気

↓

細菌《さいきん》＝90%以上

グラフ1　食中毒発生件数《しょくちゅうどくはっせいけんすう》[1]（東京都《とうきょうと》）

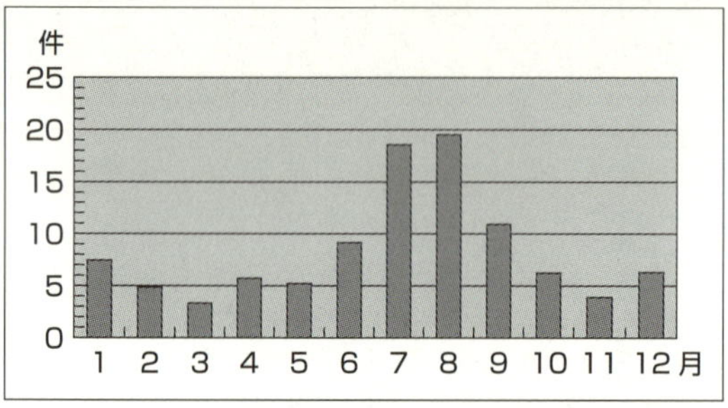

東京都《とうきょうと》食品監視課《しょくひんかんしか》食中毒《しょくちゅうどく》調査係《ちょうさがかり》

→ 高温多湿《こうおんたしつ》の時期：増

↓

6～8月

食中毒《しょくちゅうどく》を防ぐために

○ 食中毒《しょくちゅうどく》を防ぐには？

（1）細菌《さいきん》を付けない

○ 食事・料理の前：手を洗う

○ 肉・魚を切る：包丁《ほうちょう》・まな板《いた》 → 熱湯《ねっとう》消毒

○ 冷凍食品：レンジで使う量 → 解凍《かいとう》

（2）細菌《さいきん》を増やさない

○ 時間がたつと増える…小分《こわ》け → 冷蔵庫

あやしい → 捨てる

（3）加熱調理《ちょうり》する＝生物《なまもの》を食べない

○ 温め直す → 十分加熱

○ スープ・みそ汁《しる》 → 沸騰《ふっとう》させる

1　平成6年から平成15年までの平均値

（4）その他《た》

○ 買い物

・ 新鮮《しんせん》な物

・ 肉・魚 → 別の袋

・ 冷凍冷蔵《れいぞう》が要 → 最後に

○ まとめ

・ 付けない

・ 増やさない

・ 殺菌《さっきん》

○ 今後の課題《かだい》

・細菌《さいきん》の種類
・製造過程
・流通経路《りゅうつうけいろ》
→ 研究を続ける

序論《じょろん》

本論《ほんろん》

結《むす》び

メモ3 を見て、CD と同じように発表してみましょう。

○今度はどうでしたか。

○まだ、難しい…と思った人は、CDを聞きながら、声に出してスクリプトを読んでみましょう。

その後、もう1度、メモ3に戻って、練習してみましょう。

発音やイントネーションにも気を付けてください。

練習

次の構成を参考に、簡単な発表をしてみましょう。
テーマは自由です。最近の気になる話題をテーマにしてもいいです。
簡単なメモは書いてもいいですが、原稿《げんこう》は書かないでください。
発表は、録音しておきましょう。

§01　発表のテーマ：＿＿＿＿＿＿＿＿＿＿＿＿＿＿＿＿＿＿＿＿

§02　＜序論《じょろん》＞

○ 背景説明《はいけいせつめい》：このテーマを選んだ理由

○ 問題提起《もんだいていき》：特に取り上げたい問題

○方向付《ほうこうづ》け：発表全体の方向性を示す

⬇

§03　＜本論《ほんろん》＞

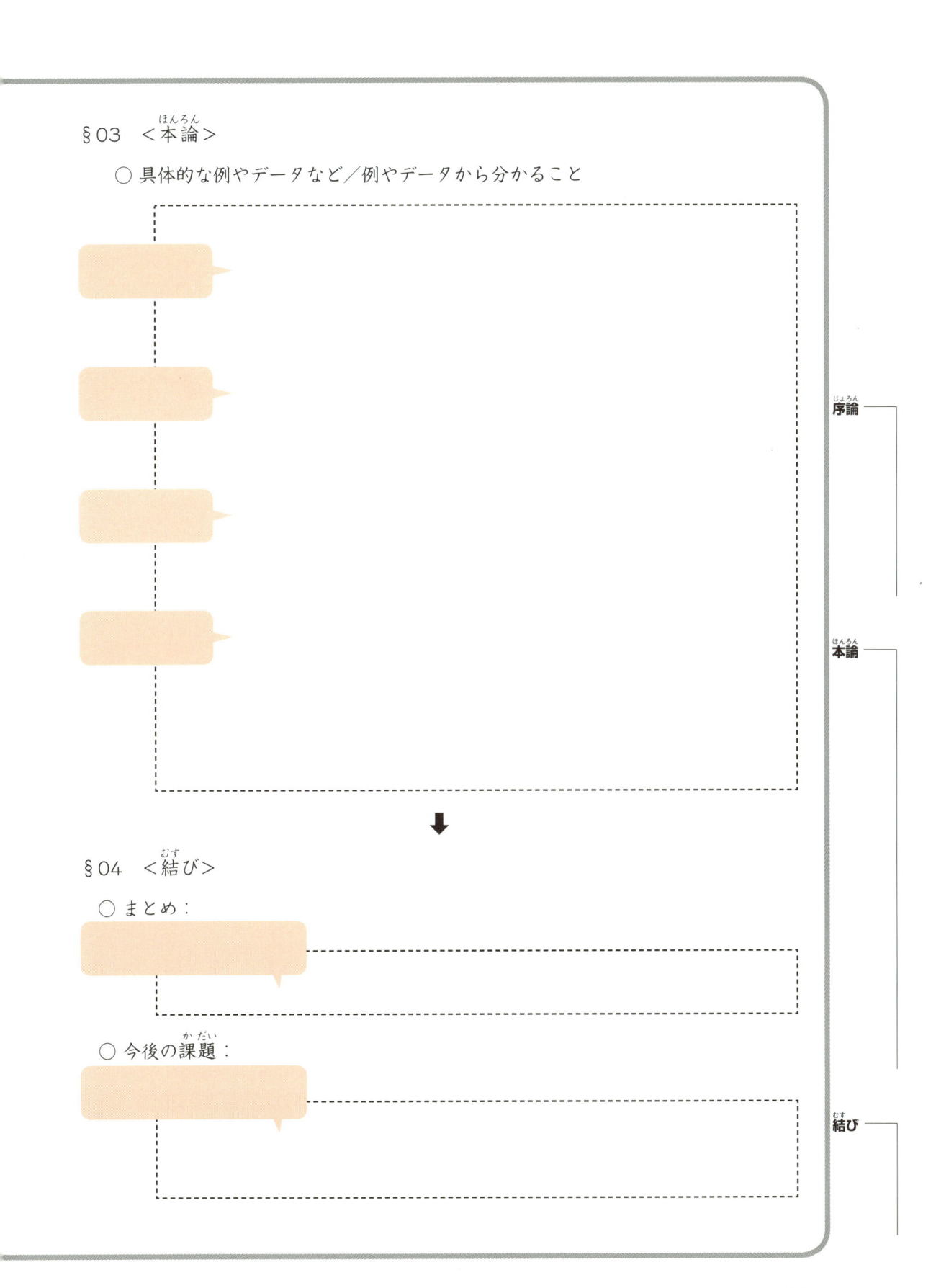

○ 具体的な例やデータなど／例やデータから分かること

§04　＜結《むす》び＞

○ まとめ：

○ 今後の課題《かだい》：

序論《じょろん》

本論《ほんろん》

結《むす》び

練習の後で

※録音した発表を聞いて、チェックしてください。

○発表は、丁寧《ていねい》な話し言葉で話します。

文末《ぶんまつ》は「です・ます体」になっていますか。

また、「ちょっと」「こうゆう」「そんな」「でも」「だから」など、友達と話す時のような言葉を使っていませんか。下の問題を見て、チェックしてみてください。

○「開始の宣言《せんげん》」「問題提起《もんだいていき》」「方向付《ほうこうづ》け」、「まとめ」「今後の課題《かだい》」が適切な表現で話せていますか。

○「まず」「次に」「それから」などの接続詞《せつぞくし》は適切に使えていますか。

※ 丁寧《ていねい》な話し言葉で話そう!!

（1） 関係があるって言われています。→ ＿＿＿＿＿＿＿＿＿＿

（2） こちらの方が専門的だよね。→ ＿＿＿＿＿＿＿＿＿＿

（3） 難しくしちゃう。→ ＿＿＿＿＿＿＿＿＿＿

（4） 正しい結果じゃない。→ ＿＿＿＿＿＿＿＿＿＿

（5） すごく難しい問題です。→ ＿＿＿＿＿＿＿＿＿＿

（6） ちょっと考えてみたいと思います。→ ＿＿＿＿＿＿＿＿＿＿

（7） やっぱり違います。→ ＿＿＿＿＿＿＿＿＿＿

（8） いっぱい問題があります。→ ＿＿＿＿＿＿＿＿＿＿

（9） どっちの事例《じれい》でも同じことが起こっています。→ ＿＿＿＿＿＿＿＿＿＿

（10） 例えば、こんな例があります→ ＿＿＿＿＿＿＿＿＿＿

（11） EUなんかでは→ ＿＿＿＿＿＿＿＿＿＿

（12） コンビニとかスーパーとかがあります。→ ＿＿＿＿＿＿＿＿＿＿

（13） 憲法改正《けんぽうかいせい》みたいに大きな問題→ ＿＿＿＿＿＿＿＿＿＿

（14） 以上のようなことが分かりました。でも～。→ ＿＿＿＿＿＿＿＿＿＿

（15） 実験結果から分かったことですけど→ ＿＿＿＿＿＿＿＿＿＿

（16） あと次のような問題もあります。→ ＿＿＿＿＿＿＿＿＿＿

（17） だから様々な調査が必要です。→ ＿＿＿＿＿＿＿＿＿＿

第2課　言葉と文化

※ この課のポイント

① 背景説明《はいけいせつめい》、問題提起《もんだいていき》、方向付《ほうこうづ》けをする。

② 分類の表現を使って発表する。

言葉

○ 次の言葉の中で、意味の分からないものがありますか。

　分からない言葉は、意味を調べてみましょう。

和語《わご》	和製《わせい》
漢語《かんご》	アトリエ
外来語《がいらいご》	デッサン
混種語《こんしゅご》	ソバージュ
大和言葉《やまとことば》	美術《びじゅつ》
数詞《すうし》	ソプラノ
定着《ていちゃく》	OA機器《きき》
明治《めいじ》	密接《みっせつ》
翻訳《ほんやく》	

○ これらの言葉から、どんな発表か、予想《よそう》してみましょう。

メモ1　CDを聞いて、メモを取ってみましょう。

12 ～ 18

○内容の区切《くぎ》りを考えながらメモしてみましょう。
○難しい時は、「・」を付けて、とにかく聞《き》き取《と》れた内容をメモ！

メモを見て、正しいものには「○」、間違っているものには「×」を付けてください。

1 (　　) 日本語の言葉は、その機能によって、4種類に分けられる。

2 (　　) 漢語《かんご》は、すべて中国《ちゅうごく》で作られた言葉である。

3 (　　) 外来語《がいらいご》は、英語から作られたものが多い。

4 (　　) 混種語《こんしゅご》とは、和語《わご》と外来語《がいらいご》を組《く》み合《あ》わせたものである。

5 (　　) この発表の続きは、日本語の言葉の変化についてである。

考えてみましょう

○あなたは、日本で外来語《がいらいご》が増えていることを、どう思いますか。

○言葉と文化の関係について、どう思いますか。

メモ2　メモ1を見ながら、＿＿＿に適当な言葉を書いてみましょう。

12 ～ 18

○日本語の言葉の種類

・日本語の言葉：＿＿＿＿＿＿、＿＿＿＿＿＿、＿＿＿＿＿＿、＿＿＿＿＿＿

最もよく使われる

○ 和語《わご》：＿＿＿＿＿＿＿＿＿＿＿＿＿＿＿＿

ex「＿＿＿」「＿＿＿」「＿＿＿」「＿＿＿」→ ＿＿＿＿＿＿＿＿

助詞《じょし》「＿＿」「＿＿」「＿＿」→ ＿＿＿＿＿＿＿＿

言葉の数が多い

○ 漢語《かんご》：＿＿＿＿＿＿＿＿＿＿＿＿＿＿＿＿

ex「＿＿」「＿＿」「＿＿」→ 数詞《すうし》

中国《ちゅうごく》

日本：＿＿＿＿＿＿＿＿…＿＿＿＿＿＿＿＿＿＿＿＿

ex「＿＿＿＿」「＿＿＿＿」

○ 外来語《がいらいご》：＿＿＿＿＿＿＿＿＿＿＿＿ → ＿＿＿＿

・フランス：「＿＿＿＿＿」「＿＿＿＿＿」
「＿＿＿＿＿」「＿＿＿＿＿」 ＿＿＿＿＿＿＿＿

・イタリア：「＿＿＿＿＿」「＿＿＿＿＿」→ ＿＿＿＿＿

定着《ていちゃく》

・現在：＿＿＿＿＿＿＿＿＿＿＿＿ → 英語…外来語《がいらいご》の70%

○ 混種語《こんしゅご》：＿＿＿＿＿＿＿＿＿＿＿＿＿＿＿＿

ex「＿＿＿＿＿＿」→ 和 ＋ 外

「＿＿＿＿＿＿」→ ＿＿ ＋ ＿＿

「＿＿＿＿＿＿」→ ＿＿ ＋ ＿＿

「＿＿＿＿＿＿＿」

○ 言葉と文化 → ＿＿＿＿＿＿＿＿

↓

「＿＿＿＿＿＿」「＿＿＿＿＿＿」→ 外国で使われるように

↓

どのように伝わった？

○ **赤ペン**に持《も》ち替《か》えてください。

もう１度CDを聞いて、書けなかったところを確かめてみましょう。

○ **メモ2**を見て、CDのように発表してみましょう。

○うまくできましたか。

○問題《もんだい》提起《ていき》・行動《こうどう》提示《ていじ》の表現を考えてみましょう。

○分類・説明の表現をチェックしてみましょう。

メモ3 もう１度CDを聞いて、　　に適当な言葉を書いてみましょう。

12～18

○日本語の言葉の種類

・日本語の言葉：和語《わご》、漢語《かんご》、外来語《がいらいご》、混種語《こんしゅご》

最もよく使われる

○和語《わご》：日本で生まれた言葉

ex「話す」「読む」「月」「花」→基本的な言葉

助詞《じょし》「は」「が」「を」→文を組み立てる時必要

言葉の数が多い

○漢語《かんご》：中国から漢字と共に伝わった

ex「一」「二」「三」→数詞《すうし》

漢語《かんご》は

中国《ちゅうごく》

日本：明治《めいじ》以降…翻訳《ほんやく》→和製漢語《わせいかんご》

ex「経済」「進化《しんか》」

○外来語《がいらいご》：主にヨーロッパ・アメリカから→カタカナ

・フランス：「アトリエ」「デッサン」「ズボン」「ソバージュ」→美術《びじゅつ》・ファッション

・イタリア：「テンポ」「ソプラノ」→音楽

→定着《ていちゃく》

・現在：OA機器《きき》・コンピューター関連→英語…外来語《がいらいご》の70%

○ 混種語《こんしゅご》：和語《わご》・漢語《かんご》・外来語《がいらいご》の組み合わせ

ex 「あんパン」→ 和 ＋ 外

「プロ野球」→ 外 ＋ 漢

「表玄関《おもてげんかん》」→ 和 ＋ 漢

「えびフライ定食《ていしょく》」

○ 言葉と文化 → 密接《みっせつ》に関係

↓

「カラオケ」「ラーメン」→ 外国で使われるように

↓

どのように伝わった？

日本語のどのような言葉が、どのように海外に伝わったのか

メモ3を見て、CDと同じように発表してみましょう。

○今度はどうでしたか。

○自分の発表を録音して、CDと比べてみましょう。

できた人は、練習問題にチャレンジ!!

開始の宣言《せんげん》
序論《じょろん》
背景《はいけい》説明《せつめい》
問題《もんだい》提起《ていき》
方向《ほうこう》付《つ》け
本論《ほんろん》
結《むす》び

練習 次の資料を見て、発表してみましょう。発表は録音しておきましょう。

問題①

それでは、
今日は、

テーマ：映画の楽しみ方

について発表させていただきます。
について発表します。

映画は、 によって、 大きく分けると、

Ⅰ 目的・作り方 ⇒ 3種類
- 劇映画《げきえいが》
- ドキュメンタリー映画
- アニメーション映画

□□□、
△△△、
☆☆☆、…の○種類に { 分類されます。 / 分けられます。 }

とは、

まず （1） 劇映画《げきえいが》：最も一般的で、ストーリーのある映画。
ミステリーやアクション映画などがある。

次に （2） ドキュメンタリー映画：実際の生活や出来事を描写《びょうしゃ》するノンフィクション・フィルム。台本《だいほん》がない場合が多い。

最後に （3） アニメーション映画：実際の映像《えいぞう》ではなく、絵を使って、連続した動《うご》きに見せるアニメーションを使った映画。
日本のアニメーション映画は世界的に有名。

◎ それぞれの映画に特徴《とくちょう》があり、楽しみ方が異なる

それでは、 ＿＿＿＿＿＿＿＿ のでしょうか。

そこで本研究では、 ＿＿＿＿＿＿＿＿ について明らかにしていきたいと思います。

どんな「問題提起《もんだいていき》」、「方向付《ほうこうづ》け」ができるか、考えてみましょう。

問題②

テーマ：音楽の録音方法

Ⅰ 録音の仕方⇒２種類
- アナログ録音
- デジタル録音：アナログ録音より音が良く、また、音がいつまでも悪くならない。

Ⅱ 録音するもの　　**さらに、分けられます。**

まず　（1）アナログ
- レコード：最近では、ほとんど使われなくなった。
- カセット・テープ：安くて、いちばん簡単に使える。

次に　（2）デジタル
- CD：最近、コンピューターを使って、だれでも作ることができるようになった。
- MD：カセット・テープの代わりに使われるようになった。小さくて便利。

○ その他《た》：コンピューターとつなげて使う、MP3（エム・ピー・スリー）
会議の録音などに使うICレコーダー

開始の宣言《せんげん》
序論《じょろん》　背景《はいけい》説明《せつめい》
問題《もんだい》提起《ていき》
方向《ほうこう》付《づ》け
本論《ほんろん》
結《むす》び

練習の後で

※録音した発表を聞いて、チェックしてください。

○分類について話す時、「分類」⇒「説明」というパターンになっていますか。

○分類と説明が、混ざっていませんか。

「1つの文には、1つの情報」しか入れないようにしましょう。

○「問題《もんだい》提起《ていき》」は、それまでの発表に基づいた内容になっていますか。

また、次の話が予測できる内容ですか。

第３課　不登校《ふとうこう》

※この課のポイント

① 背景説明《はいけいせつめい》、問題提起《もんだいていき》、方向付《ほうこうづ》け、全体の予告《よこく》をし、本論《ほんろん》へつなげる。

② 背景説明《はいけいせつめい》の一部としてデータの提示《ていじ》をし、説明する。

③ 定義《ていぎ》、割合の表現を使って説明する。

言葉

○次の言葉の中で、意味の分からないものがありますか。

　分からない言葉は、意味を調べてみましょう。

不登校《ふとうこう》
定義《ていぎ》
保健室《ほけんしつ》
文部科学 省《もんぶかがくしょう》
心理的《しんりてき》
精神的《せいしんてき》
身体的《しんたいてき》
要因《よういん》
背景《はいけい》
悩《なや》み
対策《たいさく》

○これらの言葉から、どんな発表か、予想《よそう》してみましょう。

メモ1　CDを聞いて、メモを取ってみましょう。

19 ～ 26

表やグラフにも線や○をつけて、
うまく使ってみよう！

グラフ1　不登校《ふとうこう》となった直接のきっかけ

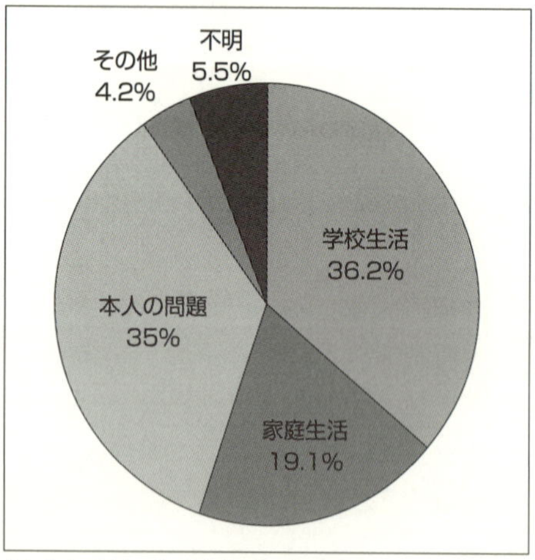

文部《もんぶ》科《か》学《がく》省《しょう》『不登校《ふとうこう》の対応《たいおう》について』(2003)より

メモを見て、正しいものには「○」、間違っているものには「×」を付けてください。

1（　　）文部《もんぶ》科学省《かがくしょう》は不登校《ふとうこう》を「病気や経済的理由以外で学校を30日間休むこと」と定義《ていぎ》している。

2（　　）不登校《ふとうこう》の直接のきっかけのうち、「学校生活」と「本人の問題」で、全体の約70%を占めている。

3（　　）だれもが持つ悩《なや》みは、不登校《ふとうこう》には発展しない。

4（　　）この研究では、インタビュー調査を行い、不登校《ふとうこう》の対策《たいさく》について考える。

5（　　）発表の最後に話されるのは、不登校《ふとうこう》の対策《たいさく》についてである。

考えてみましょう

○あなたの出身地《しゅっしんち》では、「不登校《ふとうこう》」がありますか。

○「不登校《ふとうこう》」の理由は何でしょうか。

○「不登校《ふとうこう》」の解決のために、あなたは、どんなことをすればいいと思いますか。

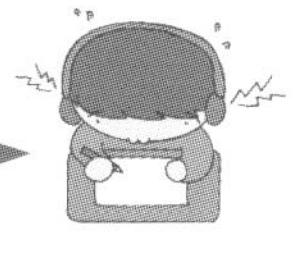

メモ2　**メモ1**を見ながら、＿＿＿に適当な言葉を書いてみましょう。　19〜26

不登校《ふとうこう》の原因と対策《たいさく》について

Ⅰ　はじめに

○ 不登校《ふとうこう》の定義《ていぎ》

文部科学省《もんぶかがくしょう》：不登校《ふとうこう》＝＿＿＿＿・＿＿＿＿・＿＿＿＿・＿＿＿＿　要因《よういん》・背景《はいけい》

＿＿＿＿＿＿or＿＿＿＿＿＿＿状況

年間＿＿＿＿＿欠席

＿＿＿＿＿・＿＿＿＿＿＿→除く

○ 不登校《ふとうこう》の直接のきっかけ

グラフ1　不登校《ふとうこう》となった直接のきっかけ

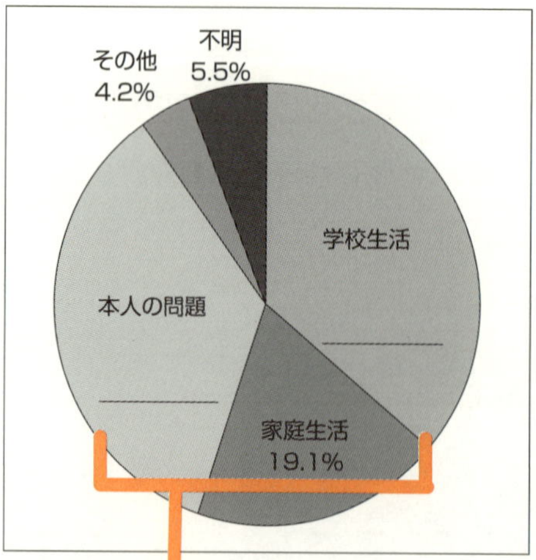

文部科学省《もんぶかがくしょう》『不登校《ふとうこう》の対応《たいおう》について』(2003)より

全体の＿＿＿＿＿＿＿＿＿＿

学校生活：＿＿＿＿・＿＿＿＿との関係

＿＿＿＿の悩《なや》み

家庭生活：＿＿＿＿＿の急激《きゅうげき》な変化

＿＿＿＿＿の問題

本人の問題：＿＿＿＿＿＿＿

その他《た》

◎ 悩《なや》み：＿＿＿＿＿＿＿＿＿＿＿＿＿＿＿＿＿＿

↓

疑問：＿＿＿＿＿＿＿＿＿＿＿＿＿＿＿＿＿＿

↓

＿＿＿＿＿＿＿＿＿＿ → 悩《なや》みの変化を調査

↓

不登校《ふとうこう》の対策《たいさく》

○ 本研究の構成

・＿＿＿＿＿＿＿＿＿＿＿＿＿＿＿＿

・＿＿＿＿＿＿＿＿＿＿＿＿＿＿の結果・考察《こうさつ》、＿＿＿＿＿＿＿

・＿＿＿＿＿＿＿＿＿＿＿＿＿＿＿＿

・まとめ・今後の課題《かだい》

○**赤ペン**に持《も》ち替《か》えてください。

もう１度CDを聞いて、書けなかったところを確かめてみましょう。

○**メモ2**を見て、CDのように発表してみましょう。

○うまくできましたか。

○問題《もんだい》提起《ていき》・方向《ほうこう》付《づ》け、全体の予告《よこく》の仕方を考えてみましょう。

○序論《じょろん》から本論《ほんろん》へ入るための行動《こうどう》提示《ていじ》の仕方を考えてみましょう。

○定義《ていぎ》・割合の表現をチェックしてみましょう。

メモ3 もう１度CDを聞いて、［　　］に適当な言葉を書いてみましょう。

19 ～ 26

不登校《ふとうこう》の原因と対策《たいさく》について

Ⅰ　はじめに

○ 不登校《ふとうこう》の定義《ていぎ》

文部科学省《もんぶかがくしょう》：不登校《ふとうこう》＝心理的・精神的・身体的・社会的要因《よういん》・背景《はいけい》

登校《とうこう》しない orしたくともできない状況

年間 30日以上欠席

病気・経済的理由 → 除く

○ 不登校《ふとうこう》の直接のきっかけ

グラフ１
不登校《ふとうこう》となった直接のきっかけ

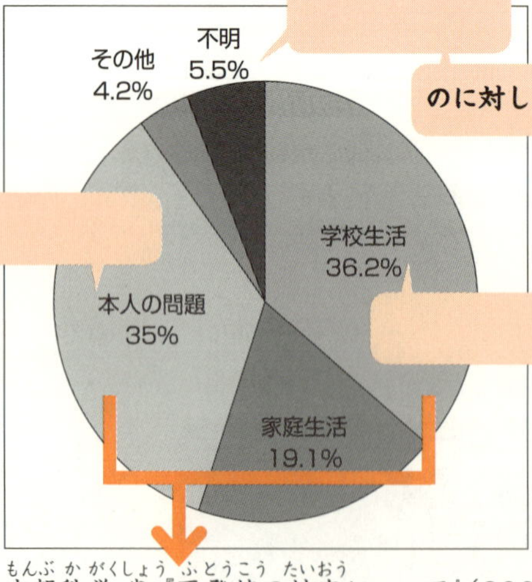

のに対して

文部科学省《もんぶかがくしょう》『不登校《ふとうこう》の対応《たいおう》について』(2003)より

全体の7割《わり》以上

学校生活：友人・教師との関係

成績の悩《なや》み

家庭生活：家庭環境の急激《きゅうげき》な変化

親子《おやこ》関係の問題

本人の問題：病気による欠席

その他《た》

◎悩《なや》み：だれもが感じる

↓

疑問：どのように不登校《ふとうこう》へ？

↓

不登校《ふとうこう》児童・生徒へのインタビュー──→　悩《なや》みの変化：調査

↓

不登校《ふとうこう》の対策《たいさく》

○ 本研究の構成

・先行研究《せんこうけんきゅう》の成果《せいか》と課題《かだい》

・インタビューの結果・考察《こうさつ》、学校教育の問題点

・不登校対策《ふとうこうたいさく》

・まとめ・今後の課題《かだい》

先行研究《せんこうけんきゅう》の成果《せいか》と課題《かだい》

メモ3を見て、CDと同じように発表してみましょう。

○今度はどうでしたか。

○CDをよく聞いて、アクセント・イントネーションの違いも

チェックしながら、声を出して練習してみましょう。

練習 次の資料を見て、発表してみましょう。発表は録音しておきましょう。

問題①

それでは、今日は、

テーマ：コンビニエンス・ストアの今後

について発表させていただきます。
について発表します。

I　はじめに

まず、

(1) コンビニエンス・ストア（コンビニ）の定義《ていぎ》

について…

本研究では、

◎ 経済産業省《けいざいさんぎょうしょう》の定義《ていぎ》

に基づき、

○○を、

① 売り場面積が30m^2以上250m^2未満の小売店《こうりてん》

② 営業時間1日14時間以上

③ セルフサービス販売

である店

と定義《ていぎ》します。

次に、

(2) 店舗数《てんぽすう》と売り上げ

について…

2004年のコンビニの数 ―― 4万2749店

売り上げ ―― 6兆9251億円

（経済産業省調査《けいざいさんぎょうしょうちょうさ》による）

それでは、

(3) 利用者の傾向

について…

グラフ○をご覧《らん》ください。
グラフ○は、……を表したものです。

グラフ1　年代別コンビニの利用者

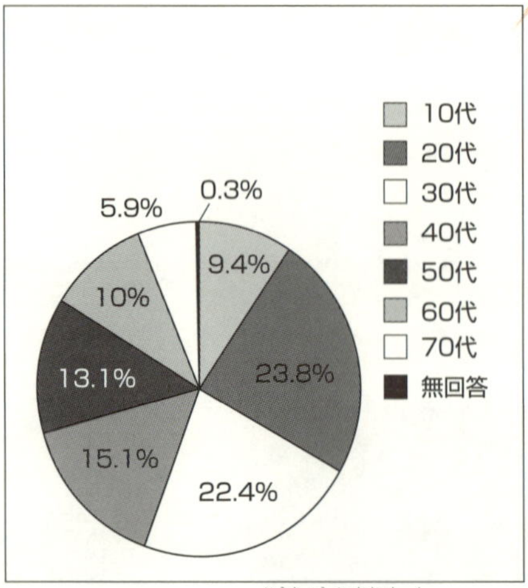

東京都大田区《とうきょうとおおたく》(2003)

……を見ると、
……別に見ると、

20代：23.8%

30代：22.4%

○%となっています。
○割《わり》となっています。

20代・30代：約半数《はんすう》

○%を占めています。
○割《わり》を占めています。

30代以下：全体の55.6%

若者《わかもの》の利用が多い

これに対して、 40代：15.1%

50代：13.1% ○%にすぎません。

ここで疑問に思うのは、

[   ]

というこどです。

そこで、本研究では、
以下では、

[   ]

について、明らかにしたいと思います。

まず、 4）本研究の構成

次に、 ・若者《わかもの》のコンビニ利用の特徴《とくちょう》

最後に、 ・中高年世代《ちゅうこうねんせだい》のコンビニのイメージ

・コンビニで扱《あつか》う商品とサービスの今後

それでは早速、

[   ]

に移りたいと思います。

「（4）本研究の構成」が、「全体の予告《よこく》」の内容になります。あなたが考えた「問題提起《もんだいていき》」や「方向付《ほうこうづ》け」に合わない場合、適当な内容に変えてください。

問題②

テーマ：がんの告知《こくち》について

Ⅰ　はじめに

1－1　がんとは

1981年から日本人の死亡原因の第1位

2002年⇒死亡者数：30万4568人

死亡総数《そうすう》の31％にあたる

「平成《へいせい》14年人口動態《どうたい》統計（確定数《かくていすう》）の概況《がいきょう》」（厚生労働省《こうせいろうどうしょう》）
https://www.mhlw.go.jp/toukei/saikin/hw/jinkou/kakutei02/hyo4.html

……は、　できる場所⇒3種類

がん腫《しゅ》：内臓《ないぞう》などにできるがん

肉腫《にくしゅ》：筋肉《きんにく》や骨にできるがん

白血病《はっけつびょう》：血液にできるがん

⇒それぞれ性質が異なる

そこで、　本研究の定義《ていぎ》：がん＝悪性《あくせい》の細胞《さいぼう》が、異常に増殖《ぞうしょく》して人間の体を破壊《はかい》する病気

それでは　1－2　がんの告知《こくち》の現状

グラフ1　がんにかかっているかどうか知りたい人

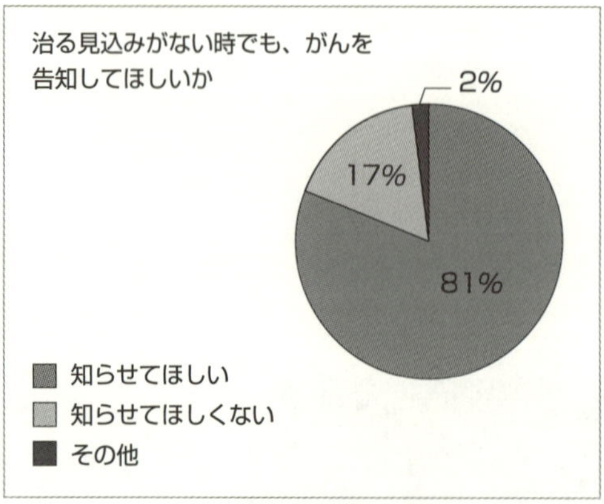

毎日新聞 2005 年 10 月 19 日より

によると、

2005年10月：毎日新聞による調査

治る見込《みこ》みがなくても

がんにかかっているかどうか…

↓

知らせてほしい：81％

これに対して、

知らせてほしくない：17％

その他《た》・無回答：2％

1－3　本研究の構成

・先行研究《せんこうけんきゅう》のまとめ（がん告知《こくち》の現状と課題《かだい》）

・がん告知《こくち》による、精神状態《せいしんじょうたい》の変化

　・がんの種類、性別、年齢別の調査結果

　・家族の対応《たいおう》との関係の考察《こうさつ》

・がん告知《こくち》の意義《いぎ》と適切な方法

ここも例ですから、「問題提起《もんだいていき》」や「方向付《ほうこうづ》け」に合わせて、適当な内容に変えてください。

それでは早速、

に移りたいと思います。

練習の後で

※録音した発表を聞いて、チェックしてください。

○割合を適切な表現で説明できましたか。

「××は△△です。□□は○○です。◇◇は▽▽です。」のように、同じパターンの文が続いている場合は、「××は△△、□□は○○、◇◇は▽▽となっています」のように、1つの文にまとめてみましょう。

○「全体の予告《よこく》」は、「問題提起《もんだいていき》」「方向付《ほうこうづ》け」に合わせて考え直してみてください。

○「全体の予告《よこく》」の後、「行動提示《こうどうていじ》」をして、本論《ほんろん》へとつないでみましょう。

第4課　高校生とバイク

※ この課のポイント

① 行動提示《こうどうていじ》をし、本論《ほんろん》に入る。

② データの提示《ていじ》をし、データの説明、解釈《かいしゃく》を示す。

③ 変化・経緯《けいい》を表す表現を使って、データを説明する。

言葉

○ 次の言葉の中で、意味の分からないものがありますか。

分からない言葉は、意味を調べてみましょう。

3ない運動《うんどう》	生涯《しょうがい》
4+1ない運動《うんどう》	スローガン
展開《てんかい》する	マナー
規制《きせい》	二輪車《にりんしゃ》
推移《すいい》	一貫《いっかん》する
自覚《じかく》	

○ これらの言葉から、どんな発表か、予想《よそう》してみましょう。

メモ1　CDを聞いて、メモを取ってみましょう。

27～31

○全体の流れを意識し、発表のどの部分かを考えながら聞きましょう。

グラフ1　高校生の交通事故死《し》者数《しゃすう》の推移《すいい》

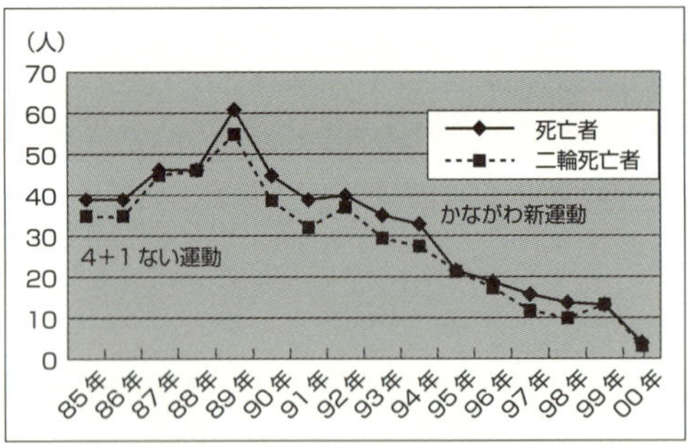

神《か》奈《な》川《がわ》県《けん》教育委員会HP
「かながわの交通安全教育」より

メモを見て、正しいものには「○」、間違っているものには「×」を付けてください。

1（　）「かながわ新運動」は、規制型《きせいがた》の運動である。

2（　）「かながわ新運動」の結果、交通事故死亡者数は増加した。

3（　）「かながわ新運動」では、バイクの正しい乗り方、マナーも指導している。

4（　）「かながわ新運動」は、現在、二輪車《にりんしゃ》を中心に行なわれている。

5（　）この発表の続きは、小・中・高等学校の一貫《いっかん》した交通安全教育の方法についてである。

考えてみましょう

○あなたの出身地《しゅっしんち》では、何歳からバイク・車の免許《めんきょ》が取れますか。

○規制型《きせいがた》の運動について、どう思いますか。

○あなたなら、どのような交通安全運動を考えますか。

メモ2　**メモ1**を見ながら、＿＿＿に適当な言葉を書いてみましょう。

27～31

○ かながわ新運動のスタートとその成果《せいか》

高校生の二輪車《にりんしゃ》事故防止：「3 ない運動」「4+1 ない運動」

↓

「＿＿＿＿＿＿＿＿＿＿＿＿」

↓

「＿＿＿＿＿＿＿＿＿＿＿＿」 育たない

↓

1990 →「＿＿＿＿＿＿＿＿＿＿＿＿」

グラフ1　高校生の交通事故死者数《ししゃすう》の推移《すいい》

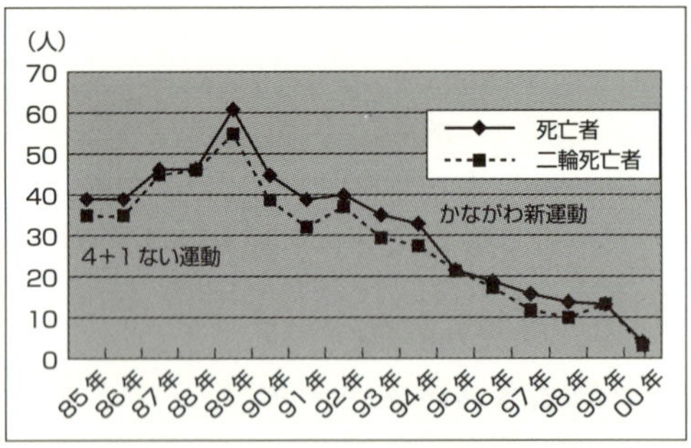

神《か》奈《な》川《がわ》県《けん》教育委員会 HP
「かながわの交通安全教育」より

前年《ぜんねん》：＿＿＿人＝＿＿＿＿＿＿＿＿＿＿＿＿

↓

バイク：＿＿＿人 ⇒ ＿＿＿＿＿＿＿＿＿＿＿＿

↓

実施《じっし》：2000 年＝＿＿＿

↓

＿＿＿＿＿＿＿＿＿＿＿＿

○ 新運動：＿＿＿＿＿＿＿＿＿＿

↓

高校生：＿＿＿＿＿＿＿＿＿＿ → 自覚《じかく》と責任

＿＿＿＿、＿＿＿＿、＿＿＿＿ → 連携《れんけい》・支援《しえん》

「高校生の高校生による高校生のための交通安全運動」：スローガン

バイク：＿＿＿＿＿＿＿＿、＿＿＿＿＿＿指導

○ ヤングライダースクール：2001 年 ＿＿＿＿＿＿＿＿参加

（過去３年：＿＿＿＿＿＿＿＿）

○ 現在の交通安全教育：＿＿＿＿＿＿＿＿＿＿＿＿＿＿

↓

小・中・高の一貫《いっかん》した教育が必要

↓

＿＿＿＿＿＿＿＿＿＿＿＿＿＿

○**赤ペン**に持《も》ち替《か》えてください。

もう１度 CD を聞いて、書けなかったところを確かめてみましょう。

○**メモ２**を見て、CD のように発表してみましょう。

○うまくできましたか。

○本論《ほんろん》の構成要素を考えてみましょう。

○変化、経緯《けいい》を表す表現をチェックしてみましょう。

メモ3

もう１度CDを聞いて、　　　に適当な言葉を書いてみましょう。

27～31

○ かながわ新運動のスタートとその成果《せいか》

高校生の二輪車《にりんしゃ》事故防止：「3ない運動」「4+1ない運動」

↓

「規制型《きせいがた》の運動」

↓

「交通安全の心」 育たない

↓

1990 → 「かながわ新運動」

グラフ１　高校生の交通事故死者数《ししゃすう》の推移《すいい》

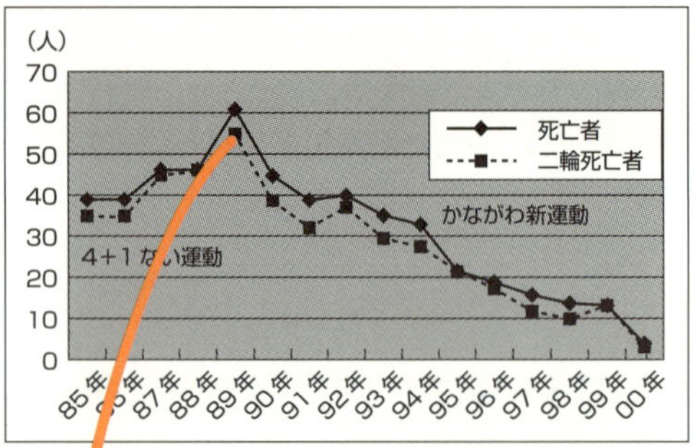

神奈川県《かながわけん》教育委員会 HP

「かながわの交通安全教育」より

前年《ぜんねん》：61人＝過去最高

↓

バイク：55人 ⇒ 増加

↓

実施《じっし》：2000年＝3名

↓

一定の成果《せいか》あり

○ 新運動：生命尊重の精神

高校生：くるま社会の一員《いちいん》 → 自覚《じかく》と責任

学校、家庭、地域 → 連携《れんけい》・支援《しえん》

「高校生の高校生による高校生のための交通安全運動」：スローガン

バイク：正しい乗り方、マナー指導

○ ヤングライダースクール：2001年 のべ1,299人参加

（過去3年：3,600人あまり）

○ 現在の交通安全教育：高校生の二輪車《にりんしゃ》中心

↓

小・中・高の一貫《いっかん》した教育が必要

↓

どのようにすれば実現できるか

メモ3 を見て、CD と同じように発表してみましょう。

○今度はどうでしたか。

○全体のリズムを学ぶために、CDを聞きながら発表してみましょう。

○うまくできるようになったら、録音して、聞き比べてみましょう。

練習　次の資料を見て、発表してみましょう。発表は録音しておきましょう。

問題①

今日のテーマ：携帯電話《けいたいでんわ》の普及《ふきゅう》について

まず、

……は、

Ⅰ 電話＝通信方法の違い

固定電話《こていでんわ》：普通に、家にある電話や公衆電話《こうしゅうでんわ》

携帯電話《けいたいでんわ》：1987年にサービスを開始

PHS：1995年にサービスを開始

グラフ1　電話の種類別契約者数《けいやくしゃすう》

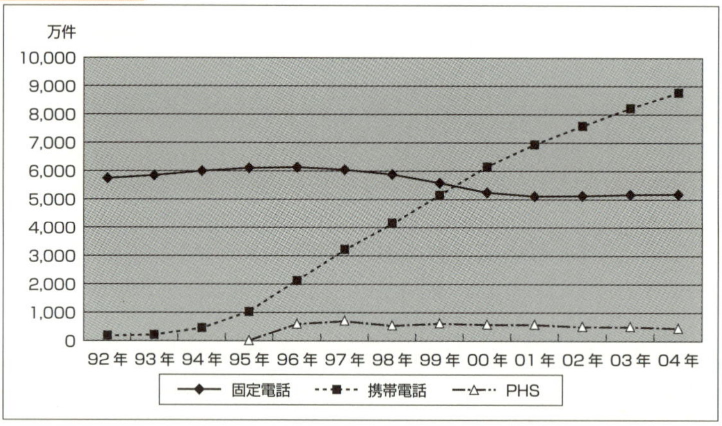

総務省《そうむしょう》「情報通信白書《はくしょ》」（1998～2005）より

しかし、

○これまでの考え…携帯電話数《けいたいでんわすう》＝固定電話《こていでんわ》の数を超えない

固定電話《こていでんわ》：96年＝ピーク

97年以降⇒徐々《じょじょ》に減少《げんしょう》

これに対して、

携帯電話《けいたいでんわ》：94年以降⇒急激《きゅうげき》に増加

2000年＝固定電話《こていでんわ》を上回《うわまわ》る

この調査の結果から、
以上のことから、

と言えます。
ということが分かります。

それでは、なぜ

のでしょうか。

次にその点について…

問題②

テーマ：余暇《よか》の使い方

…は、

Ⅰ　人間の行動＝活動の種類

一次《いちじ》活動：睡眠《すいみん》、食事のような生理的《せいりてき》に必要な活動

二次《にじ》活動：仕事、家事のように社会生活を行う上で義務的《ぎむてき》な性格の強い活動

三次《さんじ》活動：各人《かくじん》が自由に使える時間における活動

グラフ1　行動の種類別平均時間の推移《すいい》（15歳以上人口）

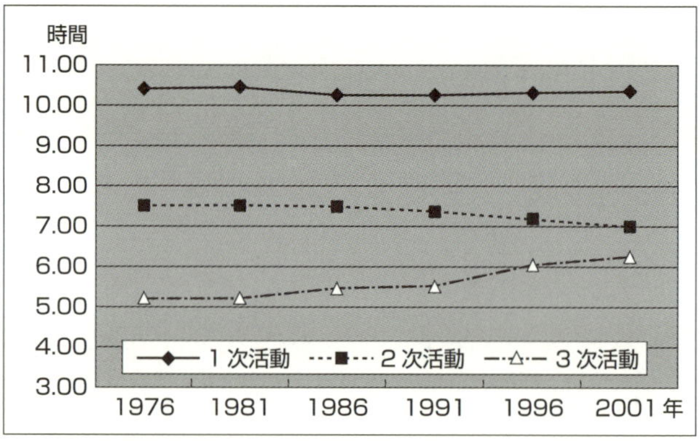

総務省統計局《そうむしょうとうけいきょく》社会生活基本調査（2001年調査結果）より

一次《いちじ》活動：ほぼ横《よこ》ばい

二次《にじ》活動：緩《ゆる》やかな減少《げんしょう》傾向

これに対して、

三次《さんじ》活動：1981年以降、徐々《じょじょ》に増加傾向

それでは、

でしょうか。

そこで、次に、

Ⅱ 趣味《しゅみ》と娯楽《ごらく》の傾向

グラフ２ 趣味《しゅみ》・娯楽《ごらく》の種類別行動者数（15 歳以上人口）

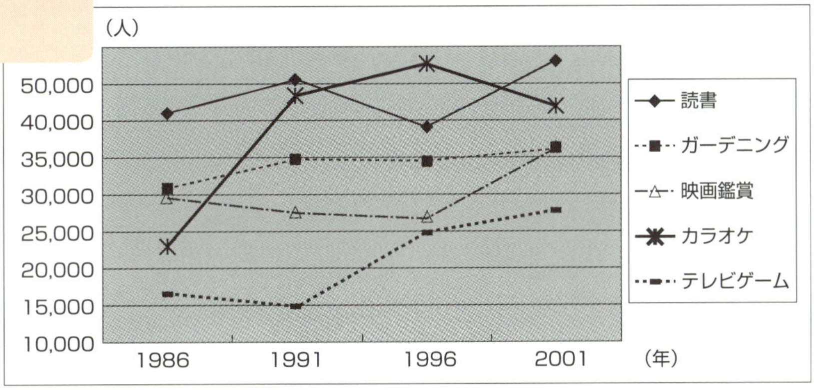

総務省《そうむしょう》統計局《とうけいきょく》社会生活基本調査（2001 年調査結果）より

カラオケ：1986年以降、急激《きゅうげき》に増加
1996年＝ピーク⇒減少《げんしょう》傾向

映画：1986年以降、緩《ゆる》やかに減少《げんしょう》
1996年以降、急激《きゅうげき》に増加

読書：1991年以降、減少《げんしょう》傾向
1996年＝底を打つ ⇒ 再び増加

テレビゲーム：1991年以降、急激《きゅうげき》に増加

これらの調査の結果から、

近年の趣味《しゅみ》・娯楽《ごらく》の傾向で、あなたが注目するのは、どんなことですか。

増加したもの？ 減少《げんしょう》したもの？

また、データを見て、疑問に思ったことは何ですか。

性別による違い？ 年齢による違い？

序論《じょろん》

本論《ほんろん》 論拠《ろんきょ》提示《ていじ》

行動《こうどう》提示《ていじ》

事実の説明

データ提示《ていじ》

データ説明

データ解釈《かいしゃく》

発表者の意見

結《むす》び

練習の後で

※録音した発表を聞いて、チェックしてください。

○データの説明、データから分かったことが、適切な表現で話せていますか。

○グラフのデータを全部説明していませんか。

情報が多い場合、重要な情報を取り上げて説明するようにしましょう。

○データから分かったことに沿《そ》って、次の内容へ続く「意見」や「問題提起《もんだいていき》」、「行動提示《こうどうていじ》」を話していますか。

第5課　食料自給率《じきゅうりつ》

※ この課のポイント

① 比較を表す表現を使って、発表する。

② 複数のデータを比較し、意見を述べる。

言葉

○ 次の言葉の中で、意味の分からないものがありますか。

分からない言葉は、意味を調べてみましょう。

食料《しょくりょう》　　乳製品《にゅうせいひん》
自給率《じきゅうりつ》　　畜産物《ちくさんぶつ》
農地《のうち》　　油脂類《ゆしるい》
戦後《せんご》　　平地《へいち》
食生活《しょくせいかつ》　　家畜《かちく》
洋風化《ようふうか》　　餌《えさ》
要因《よういん》　　対抗《たいこう》

○ これらの言葉から、どんな発表か、予想《よそう》してみましょう。

序論《じょろん》
本論《ほんろん》
論拠《ろんきょ》提示《ていじ》
行動《こうどう》提示《ていじ》
事実の説明
データ提示《ていじ》
データ説明
データ解釈《かいしゃく》
発表者の意見
結《むす》び

メモ1　CDを聞いて、メモを取ってみましょう。

32 ～ 37

○事実と意見に注意しながら聞いてみましょう。

グラフ１　1960年の食生活《しょくせいかつ》

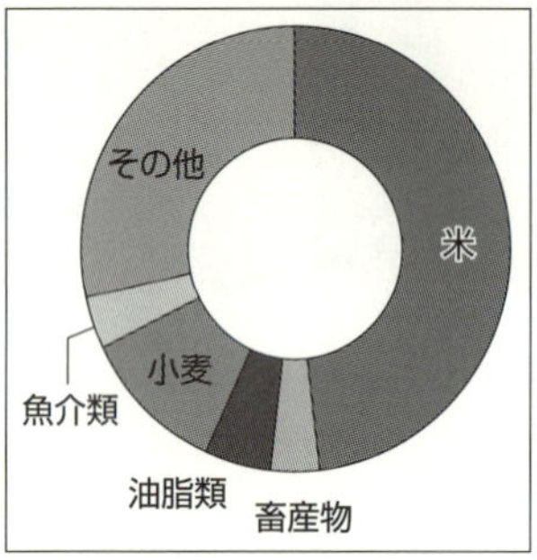

グラフ２　2004年の食生活《しょくせいかつ》

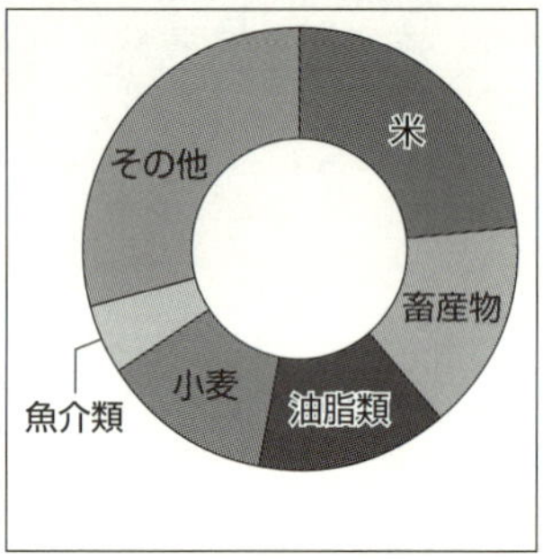

農林水産省《のうりんすいさんしょう》
「食料需給表《じゅきゅうひょう》」より

グラフ３　米・畜産物《ちくさんぶつ》・油脂類《ゆしるい》のカロリー自給率《じきゅうりつ》

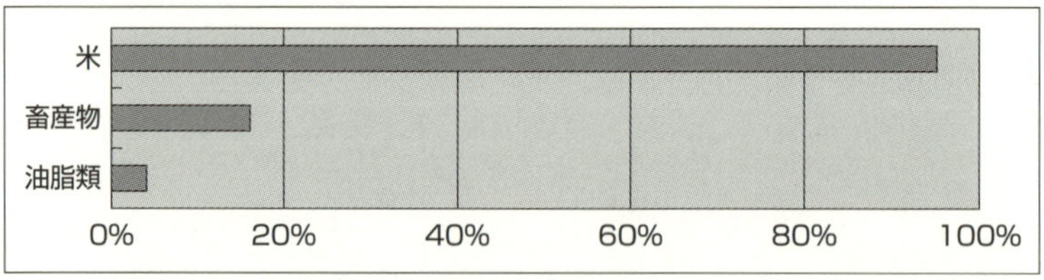

農林水産省《のうりんすいさんしょう》「我《わ》が国の食料自給率《じきゅうりつ》－平成《へいせい》15年度食料自給率《じきゅうりつ》レポート」
（2004）より

メモを見て、正しいものには「○」、間違っているものには「×」を付けてください。

1（　　）この発表は、食料自給率《じきゅうりつ》と日本の農地《のうち》の関係についてである。

2（　　）この発表では、食料自給率《じきゅうりつ》の変化を見るために、1960年と2004年のデータを比較している。

3（　　）食生活《しょくせいかつ》の変化は、外国から安い輸入品が増えたために起こった。

4（　　）食生活の変化も自給率《じきゅうりつ》低下の要因《よういん》であると考えられる。

5（　　）この発表の続きは、消費者の食生活《しょくせいかつ》に対する意識についてである。

考えてみましょう

○あなたの出身地《しゅっしんち》の食料自給率《じきゅうりつ》はどうなっていますか。

○あなたの出身地《しゅっしんち》では、どんな食品を、どこに輸入したり、輸出したりしていますか。

○あなたの出身地《しゅっしんち》では、どんな農業政策《せいさく》が取られています

メモ２ メモ１を見ながら、＿＿＿に適当な言葉を書いてみましょう。

㉜〜㊲

・食料自給率《じきゅうりつ》の低下 ≠ ＿＿＿＿＿＿＿＿＿＿＿＿

↓

＿＿＿＿＿＿＿＿＿＿＿＿

○ 食生活《しょくせいかつ》の変化

グラフ１ 1960 年の食生活《しょくせいかつ》

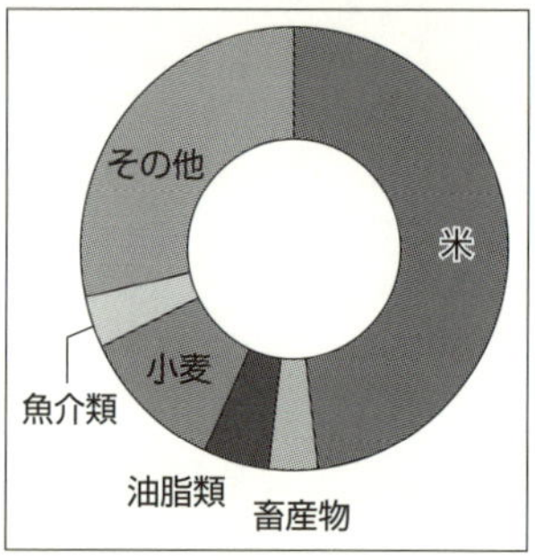

グラフ２ 2004 年の食生活《しょくせいかつ》

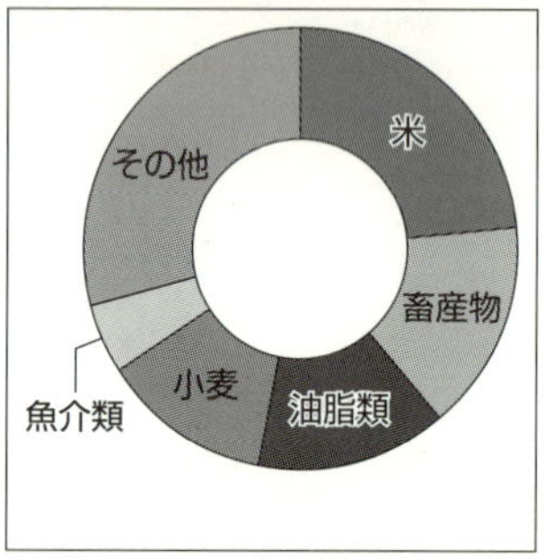

農林水産省《のうりんすいさんしょう》「食料需給表《じゅきゅうひょう》」より

	米	畜産物《ちくさんぶつ》	油脂類《ゆしるい》
1960 年	＿＿＿＿	＿＿＿＿	＿＿＿＿
	↓	↓	↓
2004 年	＿＿＿＿	＿＿＿＿	＿＿＿＿

食生活《しょくせいかつ》の洋風化《ようふうか》→ ＿＿＿＿＿＿＿＿

○ ＿＿＿＿＿＿＿＿＿＿＿＿

グラフ３ 米・畜産物《ちくさんぶつ》・油脂類《ゆしるい》のカロリー自給率《じきゅうりつ》

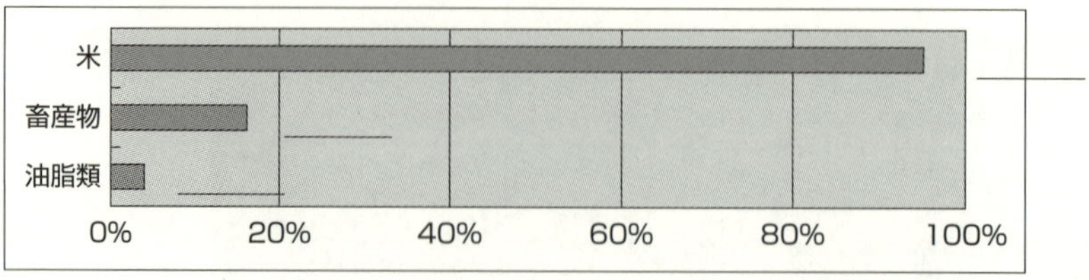

農林水産省《のうりんすいさんしょう》「我《わ》が国の食料自給率《じきゅうりつ》－平成《へいせい》15 年度食料自給率《じきゅうりつ》レポート」（2004）より

米…消費量・減　自給率《じきゅうりつ》・高

畜産物《ちくさんぶつ》・油脂類《ゆしるい》…＿＿＿＿＿＿＿＿　＿＿＿＿＿＿＿＿

理由

①農地《のうち》…狭・平地《へいち》少→＿＿＿＿＿＿＿＿＿＿

②＿＿＿＿＿＿＿＿＿＿＿＿＿＿

◎＿＿＿＿＿＿＋＿＿＿＿＿＿＿→輸入 増

↓

＿＿＿＿＿＿＿

自給率《じきゅうりつ》の問題…農業＋＿＿＿＿＿＿＿

○＿＿＿＿＿＿＿＿＿＿＿＿＿＿

○**赤ペン**に持《も》ち替《か》えてください。

もう1度CDを聞いて、書けなかったところを確かめてみましょう。

○**メモ2**を見て、CDと同じように発表してみましょう。

○うまくできましたか。

○事実と意見の話し方の違いを考えてみましょう。

○比較を表す表現をチェックしてみましょう。

序論《じょろん》

本論《ほんろん》

論拠《ろんきょ》提示《ていじ》

行動《こうどう》提示《ていじ》

事実の説明

データ提示《ていじ》

データ説明

データ解釈《かいしゃく》

発表者の意見

結《むす》び

メモ３　もう１度CDを聞いて、　　　の中に適当な表現を書いてみましょう。　32～37

・食料自給率《じきゅうりつ》の低下 ≠ 農地《のうち》面積の問題

↓

食生活《しょくせいかつ》の洋風化《ようふうか》

それでは、ほかに、どのような原因が考えられるのでしょうか。

○ 食生活《しょくせいかつ》の変化

グラフ１　1960年の食生活《しょくせいかつ》

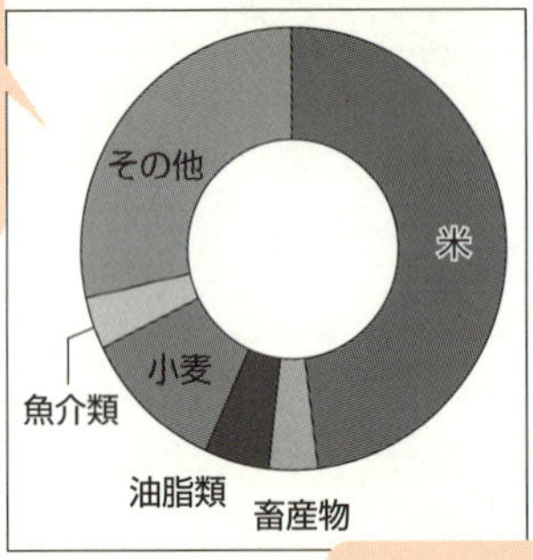

グラフ２　2004年の食生活《しょくせいかつ》

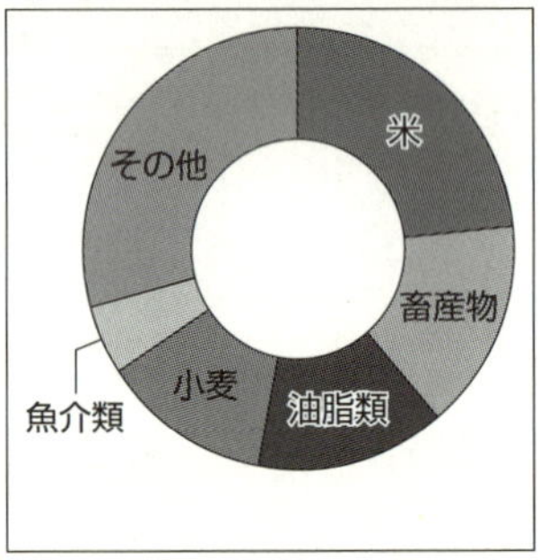

農林水産省《のうりんすいさんしょう》
「食料需給表《じゅきゅうひょう》」より

	米	畜産物《ちくさんぶつ》	油脂類《ゆしるい》
1960年	50%	3.7%	5%
	↓	↓	↓
2004年	23%	15.4%	14.2%

食生活《しょくせいかつ》の洋風化《ようふうか》 → 消費量変化

○ 畜産物《ちくさんぶつ》・油脂類《ゆしるい》の自給率《じきゅうりつ》

グラフ３　米・畜産物《ちくさんぶつ》・油脂類《ゆしるい》のカロリー自給率《じきゅうりつ》

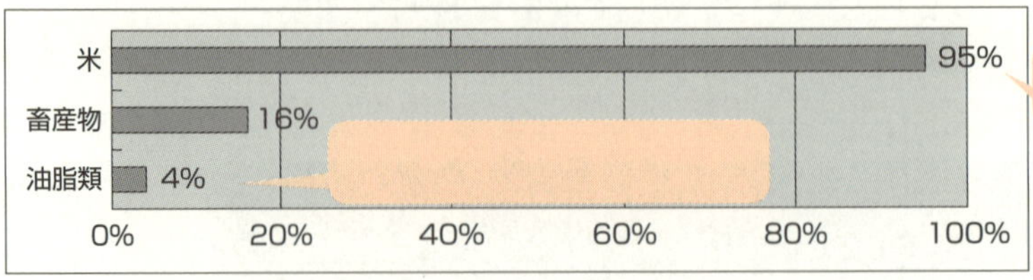

農林水産省《のうりんすいさんしょう》「我《わ》が国の食料自給率《じきゅうりつ》－平成《へいせい》15年度食料自給率《じきゅうりつ》レポート」
（2004）より

米…消費量・減　自給率《じきゅうりつ》・高

畜産物《ちくさんぶつ》・油脂類《ゆしるい》…消費量・増　自給率《じきゅうりつ》・低

理由

① 農地《のうち》…狭・平地《へいち》少→食生活《しょくせいかつ》の変化に対応《たいおう》できず

② 安い輸入品に対抗《たいこう》できず

◎ 農地《のうち》＋食生活《しょくせいかつ》の変化→輸入増

↓

自給率《じきゅうりつ》低

自給率《じきゅうりつ》の問題…農業＋食生活《しょくせいかつ》の意識

○ 消費者の食生活《しょくせいかつ》に対する意識

メモ３を見て、CDと同じように発表してみましょう。

○今度はどうでしたか。

○録音して、発音・構成・表現をそれぞれチェックしてみましょう。

○うまくできない部分があったら、何度も繰《く》り返《かえ》し聞いて練習してみてください。

序論《じょろん》

本論《ほんろん》

論拠《ろんきょ》提示《ていじ》

行動《こうどう》提示《ていじ》

事実の説明

データ提示《ていじ》

データ説明

データ解釈《かいしゃく》

発表者の意見

結《むす》び

練習　次の資料を見て、発表してみましょう。発表は録音しておきましょう。

問題①

テーマ：交通事故を減少《げんしょう》させる方法について

まず、

Ⅰ　運転免許《めんきょ》を持っている人の数

運転免許保有者数《めんきょほゆうしゃすう》：7555万711人（平成《へいせい》13年末）

全体＝1.42人に1人　　（警察庁《けいさつちょう》　警察白書《けいさつはくしょ》より）

男性＝1.18人に1人

女性＝1.77人に1人

それでは、

そこで、次に、

Ⅱ　男女《だんじょ》の運転技術の自信　を比較してみようと思います。

グラフ１　自分の運転技術への自信

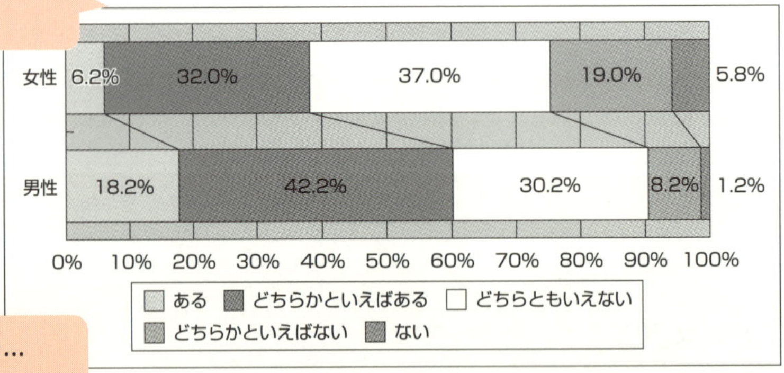

（株）インフォプラント C-NEWS（2006）より

…に対して…
…と比べて
…と比較すると…

それでは

そこで、次に、

Ⅲ　男女《だんじょ》の交通違反・事故の経験　を比較してみようと思います。

グラフ２を…

グラフ２　運転中の交通事故・交通違反の経験

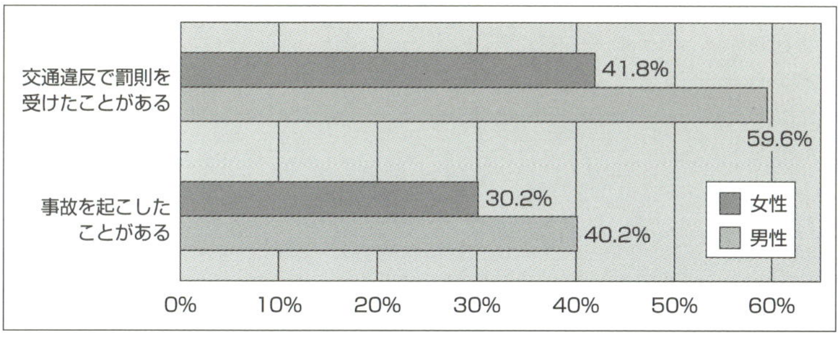

（株）インフォプラント C-NEWS（2006）より

…に対して…
…と比べて
…と比較すると…

これらの結果から

したがって

と言えます。
ということが考えられます。
ということが分かります。
と思われます。

そこで、次に、

に移りたいと思います。

序論《じょろん》

本論《ほんろん》
論拠《ろんきょ》提示《ていじ》
行動《こうどう》提示《ていじ》
事実の説明
データ提示《ていじ》
データ説明
データ解釈《かいしゃく》
発表者の意見

結《むす》び

問題②

テーマ：収入と労働時間について

Ⅰ 日本人の労働時間

グラフ１　年間総実労働時間《ねんかんそうじつろうどうじかん》

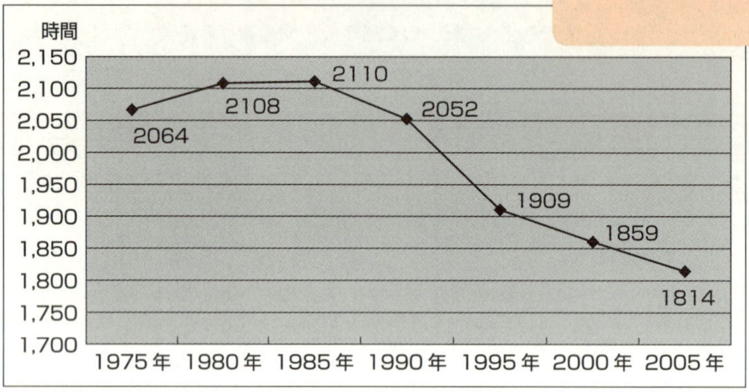

厚生労働省《こうせいろうどうしょう》「毎月勤労統計調査《まいつききんろうとうけいちょうさ》」（1975～2005）より

Ⅱ 日本人の労働時間に対する意識

まず、

グラフ２　労働時間に対する意識（全体）

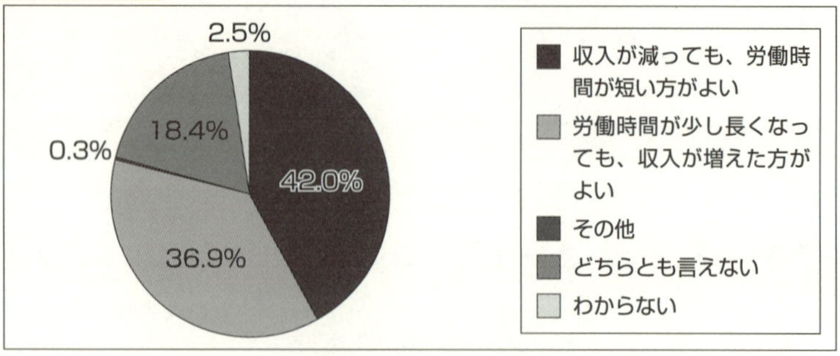

総理府《そうりふ》「国民生活に関する世論調査《よろんちょうさ》」（1997）より

次に、

グラフ３　労働時間に対する意識（男性）

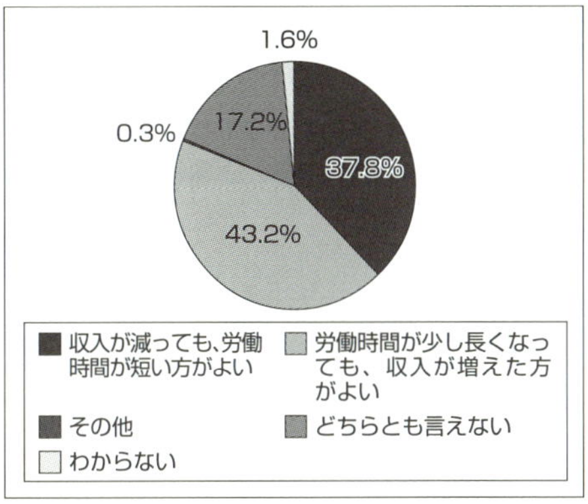

グラフ４　労働時間に対する意識（女性）

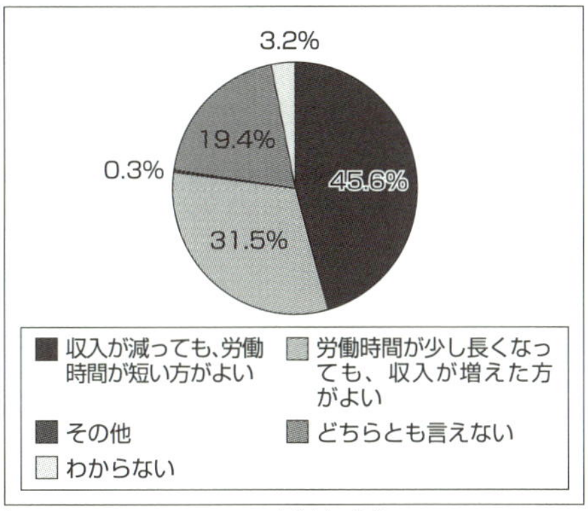

総理府《そうりふ》「国民生活に関する世論調査《よろんちょうさ》」（1997）より

これらの結果から、

したがって、
以上のようなことから、

データから分かったことを参考に、あなたの意見を述べてください。

ここで、あなたが注目するポイントは…？

- **男女《だんじょ》の労働意識の違い？**
- **今後の収入と労働時間への影響《えいきょう》？**
- **仕事を決める時の優先順位《ゆうせんじゅんい》？**

序論《じょろん》
本論《ほんろん》
論拠《ろんきょ》提示《ていじ》
行動《こうどう》提示《ていじ》
事実の説明
データ提示《ていじ》
データ説明
データ解釈《かいしゃく》
発表者の意見
結《むす》び

練習の後で

※録音した発表を聞いて、チェックしてください。

○データの「説明」⇒「分かったこと」⇒「意見」という順番で話せていますか。

○意見は、データに基づいたものになっていますか。

○「行動《こうどう》提示《ていじ》」は「意見」と関連のある内容になっていますか。

○「理由」や「例」「分かったこと」などがいくつかある時には、「理由は○点あります」のように、予告《よこく》しておくと分かりやすくなります。

○次の内容に移る時、「意見」⇒「行動《こうどう》提示《ていじ》」というパターンもあります。

第6課　子供の生活習慣病

※ この課のポイント

①結論の提示《ていじ》をし、全体のまとめと今後の課題《かだい》を話す。

②因果関係《いんがかんけい》・補足《ほそく》説明をする表現を使って、発表する。

③発表が終了したことを述べ、聞《き》き手《て》に質問を促《うなが》す。

言葉

○ 次の言葉の中で、意味の分からないものがありますか。

分からない言葉は、意味を調べてみましょう。

生活習慣病《せいかつしゅうかんびょう》　　病歴《びょうれき》

糖尿病《とうにょうびょう》　　割《わ》り出《だ》す

発病《はつびょう》　　ファーストフード

症状《しょうじょう》　　食育《しょくいく》

動物性脂肪《どうぶつせいしぼう》　　模範《もはん》

偏食《へんしょく》　　実践《じっせん》

○ これらの言葉から、どんな発表か、予想《よそう》してみましょう。

メモ1

CDを聞いて、メモを取ってみましょう。

38〜44

○因《いん》果《が》関係《かんけい》に注意して聞いてみましょう。

メモを見て、正しいものには「○」、間違っているものには「×」を付けてください。

1（　　）この発表のテーマは、生活習慣病の原因と食事の関係についてである。

2（　　）生活習慣病予備軍の子供が増えた原因は、食生活《しょくせいかつ》の変化によるストレスが増大したためである。

3（　　）生活習慣病の予防のためには、食生活《しょくせいかつ》と運動が重要である。

4（　　）両親や祖父母《そふぼ》の生活習慣病を予防することも重要である。

5（　　）今後の課題《かだい》は、子供の家事への参加と健康の関係を調べることである。

考えてみましょう

○生活習慣で、何か気を付けていることはありますか。

○あなたは、日常、どんな食生活《しょくせいかつ》をしていますか。

○あなたの国では、どんな病気が問題になっていますか。

メモ2　**メモ1**を見ながら、______に適当な言葉を書いてみましょう。

38 ～ 44

○ まとめ

・子供の生活習慣病 → ______________

(1) 既《すで》に発病《はつびょう》：______________ → 1万人に1人

(2) ______________ → ______________

↓

原因：______________

____

____

予防策《よぼうさく》：______________・______________

食生活《しょくせいかつ》：______________、______________、

砂糖《さとう》・塩分《えんぶん》・動物性脂肪《どうぶつせいしぼう》 ㊦

____

運動：______________

↓

______________ ex. 水泳

祖父母《そふぼ》・両親の病歴《びょうれき》：なりやすい病気→ ______________

◎日常生活での注意 → 予防：親の役割＝重要

※ ______________・______________ →「______」

↓

役立《やくだ》てる条件：______________

○ 今後の課題《かだい》

・子供の家事 → ＿＿＿＿＿＿＿＿＿＿

↓

＿＿＿＿＿＿＿＿＿＿

○**赤ペン**に持《も》ち替《か》えてください。

もう１度CDを聞いて、書けなかったところを確かめてみましょう。

○**メモ2**を見て、CDのように発表してみましょう。

○うまくできましたか。

○結《むす》びの構成要素を考えてみましょう。

○原因と結果を表す表現をチェックしてみましょう。

メモ3

もう1度CDを聞いて、　　の中に適当な表現を書いてみましょう。 38～44

○まとめ

・子供の生活習慣病 → 2グループ

(1) 既《すで》に発病《はつびょう》：糖尿《とうにょう》 → 1万人に1人

(2) 将来 危険性 有 → 年々《ねんねん》増加

↓

原因：食生活《しょくせいかつ》の変化

運動不足

ストレス増大

予防策《よぼうさく》：食生活《しょくせいかつ》・運動

食生活《しょくせいかつ》：1日30品目《ひんもく》、朝食《ちょうしょく》、砂糖《さとう》・塩分《えんぶん》・動物性脂肪《どうぶつせいしぼう》 (低)

偏食《へんしょく》しない

運動：適度な運動を継続《けいぞく》して

↓

自信を持って楽しく　ex. 水泳

祖父母《そふぼ》・両親の病歴《びょうれき》：なりやすい病気→重点的予防

◎日常生活での注意 → 予防：親の役割＝重要

※ お菓子メーカー・ファーストフード店 → 「食育《しょくいく》」

↓

役立《やくだ》てる条件：親が模範《もはん》 → 日常実践《じっせん》

子供の生活習慣病と家族の役割

家庭の役割が重要
家庭でできる予防

○ 今後の課題《かだい》

・子供の家事 → 健康に影響《えいきょう》

↓

比較・検討《けんとう》

メモ3 を見て、CD と同じように発表してみましょう。

○今度はどうでしたか。
○思《おも》い込《こ》みで聞いたり話したりせず、CDを聞いて正確に話す練習を繰《く》り返《かえ》してください。
○録音して、チェックするのも忘れずに。

序論《じょろん》

本論《ほんろん》

結論の提示《ていじ》

結《むす》び

全体のまとめ

今後の課題《かだい》

終了の宣言《せんげん》

練習 次の資料を見て、発表してみましょう。発表は録音しておきましょう。

問題①

テーマ：転職《てんしょく》の功罪《こうざい》

そこで、次に、

まず、

I 日本人の転職《てんしょく》に対する評価

グラフ1 30歳までに転職《てんしょく》した人の割合

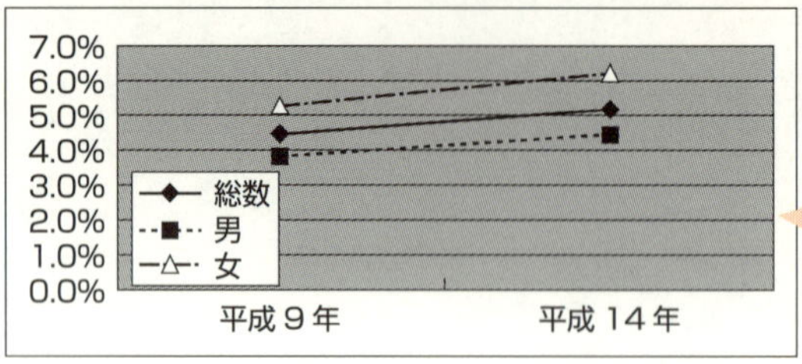

総務省《そうむしょう》統計局《とうけいきょく》「平成《へいせい》14年就業《しゅうぎょう》構造《こうぞう》基本《きほん》調査《ちょうさ》」(2002) より

※転職者《てんしょくしゃ》：年々《ねんねん》増加傾向

次に転職者《てんしょくしゃ》に対する評価について…

グラフ2 転職者《てんしょくしゃ》の評価

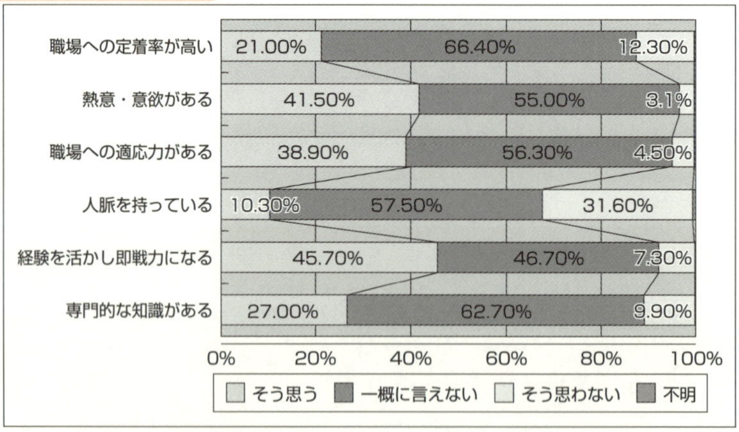

労働大臣官房政策調査部《ろうどうだいじんかんぼうせいさくちょうさぶ》「平成《へいせい》10年転職者《てんしょくしゃ》総合《そうごう》実態《じったい》調査《ちょうさ》結果《けっか》速報《そくほう》」(1999) より

以上のようなことから、
以上、まとめると、

と言えます。
ということが考えられます。
ということが分かります。

これは、
……は、

ためです。
ためであると考えられます。

グラフ３　転職《てんしょく》希望理由

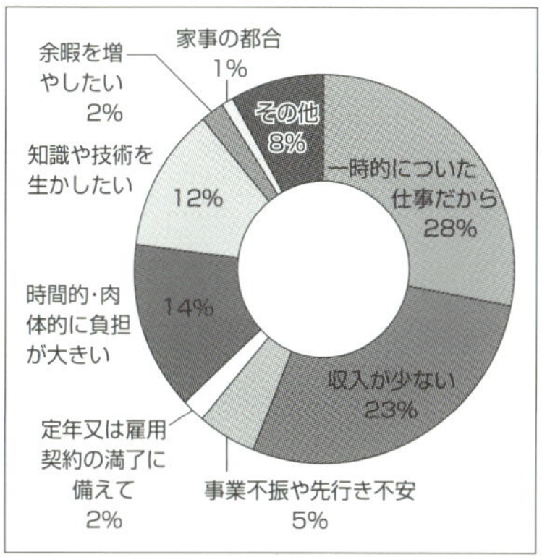

総務省《そうむしょう》 統計局《とうけいきょく》「平成《へいせい》14年就業《しゅうぎょう》構造《こうぞう》基《き》本調査《ほんちょうさ》」（2002）より

ここまでの、あなたの考えは、転職《てんしょく》に肯定的ですか？　否定的ですか？

「もちろん…」の後には、「予想《よそう》される反論《はんろん》」や例外などの補足《ほそく》したい情報が入ります。
ここまでの、あなたの意見に合わせて、グラフ3を見ながら、「予想《よそう》される反論《はんろん》」などについて考えてみましょう。

その後、「しかし…」の部分で、もう一度、あなたの意見を述べ、主張がこれまでとずれてしまわないようにしてください。
「事実」＋「意見」の形にしても良いです。

もちろんグラフ3に
示したように、

しかし、

以上、本研究では、

ということを明らかにしました。

しかし、

……については触れられませんでした。

今後は、

以上で、発表を終わります。

ご意見、ご質問等がございましたら、お願いします。

序論《じょろん》

本論《ほんろん》

結論の提示《ていじ》

結《むす》び

全体のまとめ

今後の課題《かだい》

終了の宣言《せんげん》

問題②

今日のテーマ：地震への備《そな》え

グラフ１
３年以内に震度《しんど》６弱《じゃく》以上の地震が住んでいる地域に起こると思うか

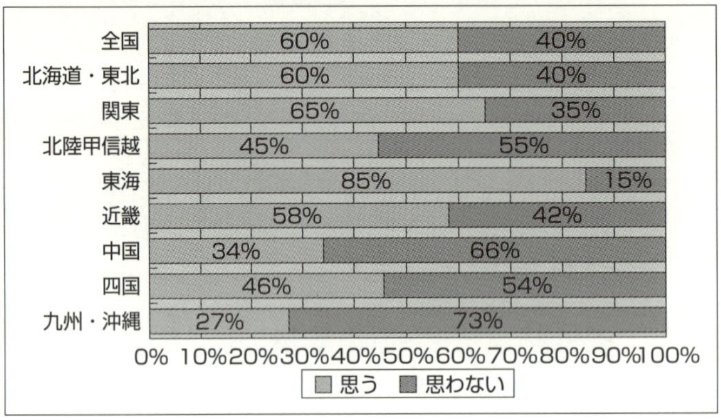

野村総合研究所《のむらそうごうけんきゅうじょ》「地震に対する意識調査」（2004）より

○ 全国平均：震度《しんど》6 弱《じゃく》以上が起こる ＝ 6割《わり》

東海《とうかい》で特に高く、中国《ちゅうごく》より西で低い傾向

そこで、次に、

Ⅰ　地震に対する備《そな》え

グラフ２　家庭での地震に対する備《そな》え

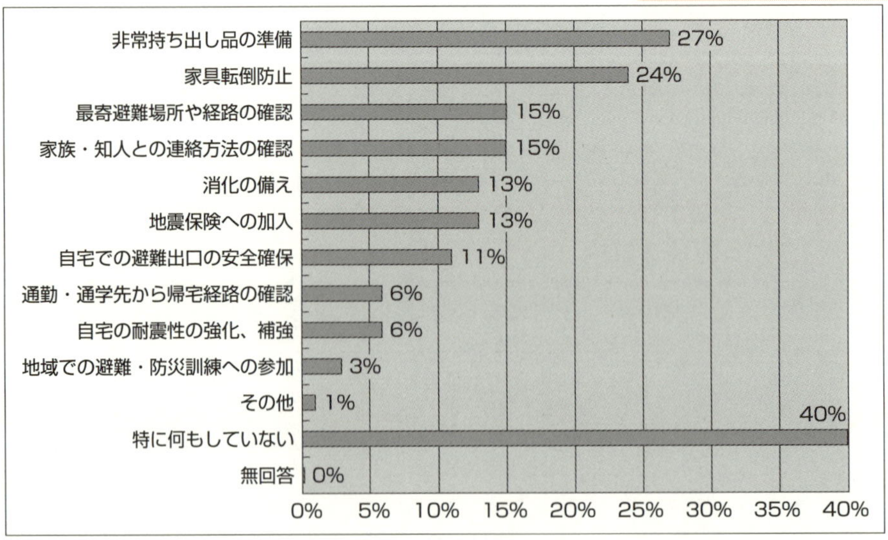

マイボイスコム株式会社《かぶしきがいしゃ》2005年調査より

以上のようなことから、
以上、まとめると、

これは、
……は、

ためです。
ためであると考えられます。

○ 阪神《はんしん》・淡路《あわじ》大震災《だいしんさい》：被災者《ひさいしゃ》生活《せいかつ》再建《さいけん》支援法《しえんほう》

○ 2004年：居住《きょじゅう》安定《あんてい》支援制度《しえんせいど》

→政府による災害対策《さいがいたいさく》

しかし、

序論《じょろん》

本論《ほんろん》

結論の提示《ていじ》

結《むす》び　全体のまとめ

今後の課題《かだい》

終了の宣言《せんげん》

練習の後で

※録音した発表を聞いて、チェックしてください。

○「事実」と「意見」を区別して話していますか。

「意見」を話すべきところで、「事実」を話していませんか。

文末表現《ぶんまつひょうげん》に特に注意してください。

○適切な表現で補足《ほそく》説明ができていますか。

「もちろん…(予想《よそう》される反論《はんろん》)…もあります」で終わってしまうと、その部分に注目が集まってしまいます。「しかし…(自分の意見)…」と、自分の主張に話を戻すように気をつけましょう。

○「まとめ」の表現を使って、発表全体を通して明らかになったことを、はっきりと話していますか。

○「今後の課題《かだい》」が、適切な表現を使って話せていますか。

○終わりのあいさつをしっかりしていますか。

課題《かだい》Ⅰ　よく飲まれる飲料《いんりょう》について

※課題《かだい》Ⅰのポイント

①発表全体の流れを把握《はあく》し、適切な構成を作る。

②各構成要素で必要となる、適切な表現を使う。

③発表に必要な資料（レジュメ・提示《ていじ》資料・添付《てんぷ》資料）を作ってみる。

◎ データ①～⑭を使って、発表してください。

データは、自由に並《なら》び替《か》えてください。また、すべてのデータを使う必要はありません。

必要であれば、ほかのデータも探してみましょう。

◎ 発表する時に必要な資料（レジュメ・添付《てんぷ》資料・提示《ていじ》資料）を作ってみましょう。

◎ 発表する時には、資料の説明もしましょう（別冊《べっさつ》22ページ参照《さんしょう》）。

◎ 発表は、録音して、後で聞いてみましょう。

◎ 発表するだけではなく、司会の練習もしてみましょう。

司会の仕方は、別冊《べっさつ》23～24ページを見てください。

データ

データ①　普段よく飲む水

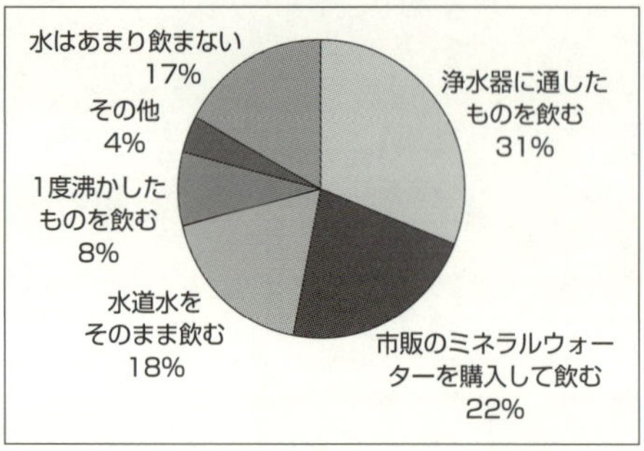

マイボイスコム株式会社《かぶしきがいしゃ》2002年調査より

データ②
清涼《せいりょう》飲料《いんりょう》選択時《せんたくじ》の「低カロリー」意識

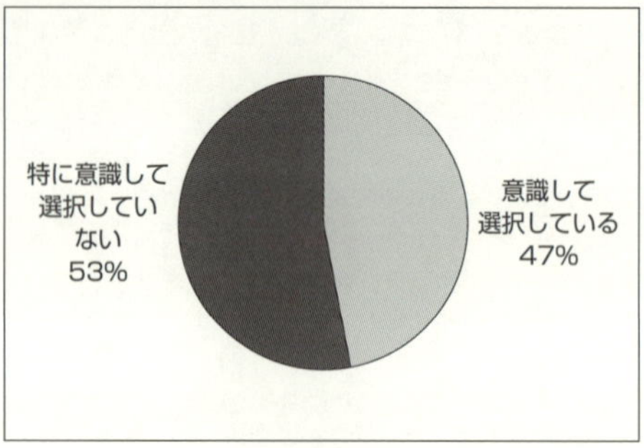

マイボイスコム株式会社《かぶしきがいしゃ》2000年調査より

データ③　よく飲むペットボトル・缶・紙容器などの飲料《いんりょう》

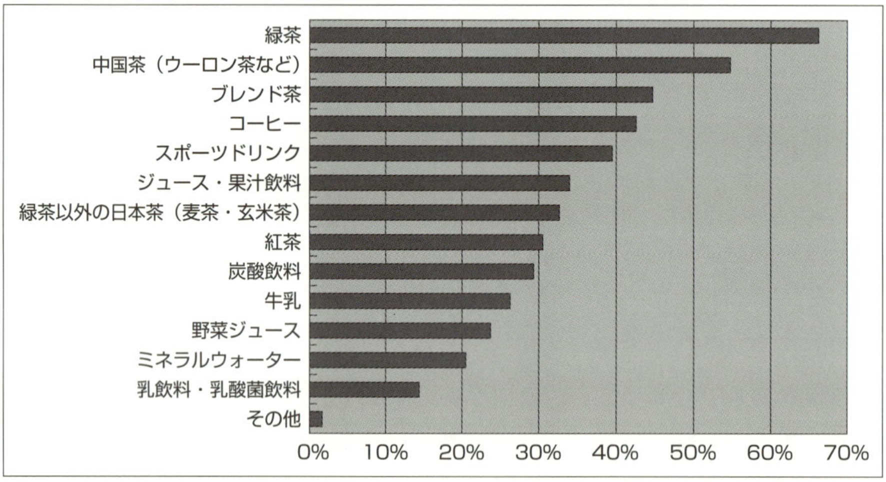

マイボイスコム株式会社《かぶしきがいしゃ》2002年調査より

データ④　「緑茶飲料《りょくちゃいんりょう》」の飲用頻度《いんようひんど》

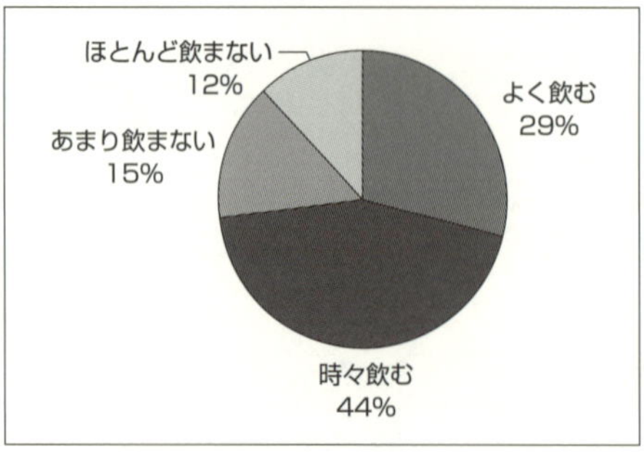

マイボイスコム株式会社《かぶしきがいしゃ》2002年調査より

データ⑤　「緑茶飲料《りょくちゃいんりょう》」の飲用頻度《いんようひんど》（年代別）

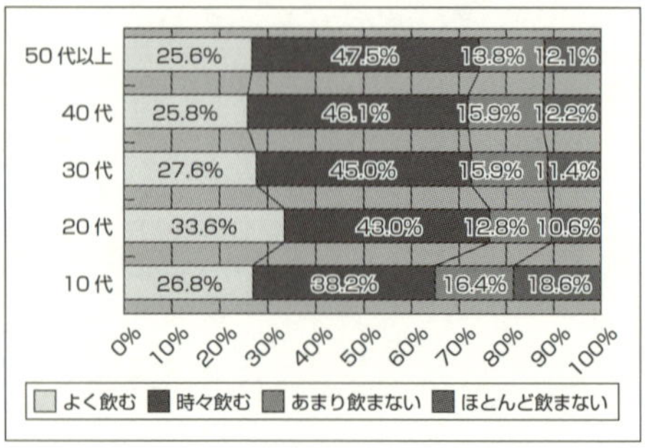

マイボイスコム株式会社《かぶしきがいしゃ》2002年調査より

データ⑥　飲料《いんりょう》の表示《ひょうじ》に対する意識（最も意識している表示《ひょうじ》）

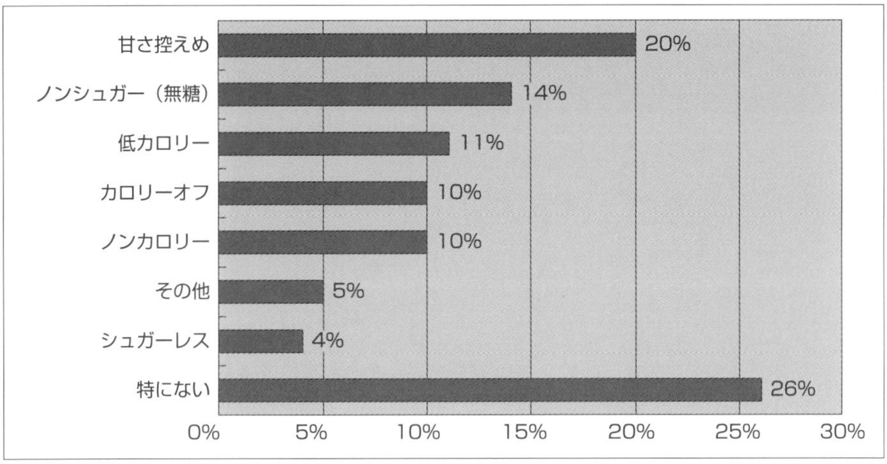

マイボイスコム株式会社《かぶしきがいしゃ》2000年調査より

データ⑦　食品別糖分含有量《とうぶんがんゆうりょう》

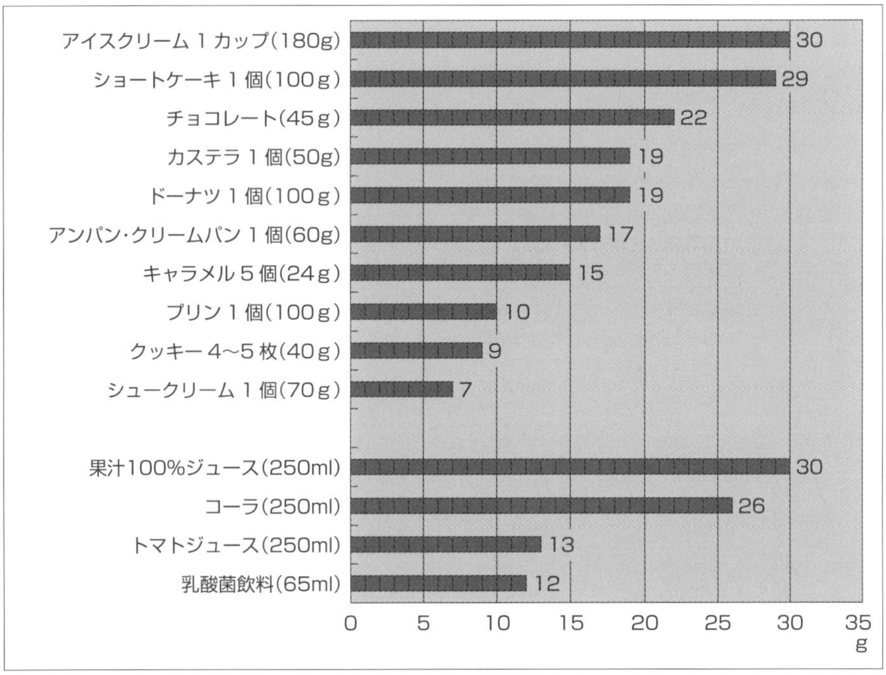

伊《い》丹《たみ》市《し》歯《し》科《か》医《い》師《し》会《かい》HPより

データ⑧　茶の主な効能《こうのう》

茶の成分	主な効能《こうのう》
カテキン類	がんの予防・食中毒《しょくちゅうどく》の予防
ビタミンC	ストレス解消《かいしょう》・風邪《かぜ》の予防
フラボノイド	口臭《こうしゅう》予防
フッ素《そ》	虫歯予防
ビタミンE	老化《ろうか》防止

全国茶《ちゃ》商《しょう》工《こう》業《ぎょう》協《きょう》同組合連合会《どうくみあいれんごうかい》
「お料理アラカルト」（1991）より

データ⑨　茶系飲料《ちゃけいいんりょう》の生産量の推移《すいい》

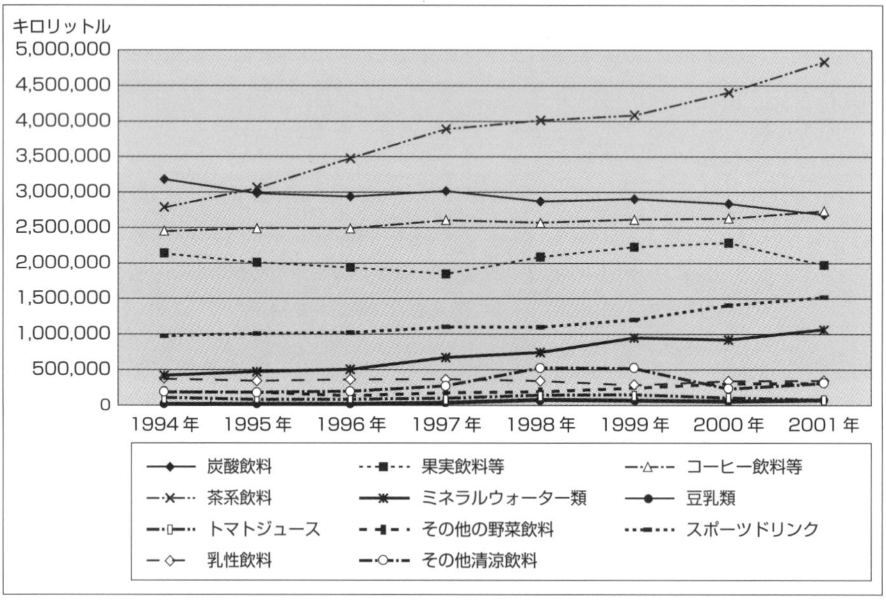

総務省《そうむしょう》「容器包装のリサイクルの促進《そくしん》に関する政策評価書《せいさくひょうかしょ》」（2003）より

データ⑩　飲料《いんりょう》の売り上げ高の推移《すいい》

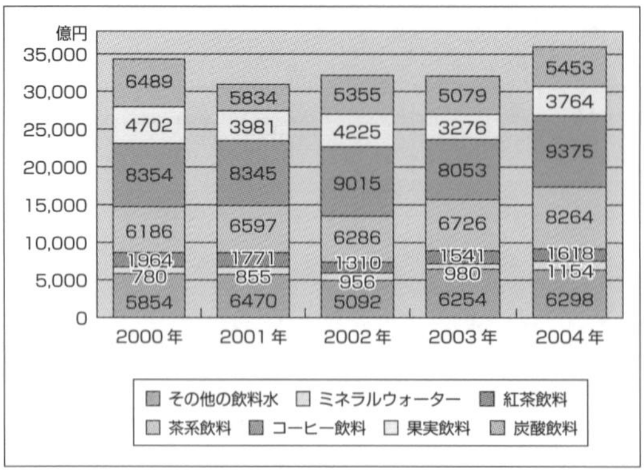

全国清涼飲料水工業会調査《せいりょういんりょうすいこうぎょうかいちょうさ》より

データ⑪
種類別茶系飲料《ちゃけいいんりょう》の売り上げ高の推移《すいい》

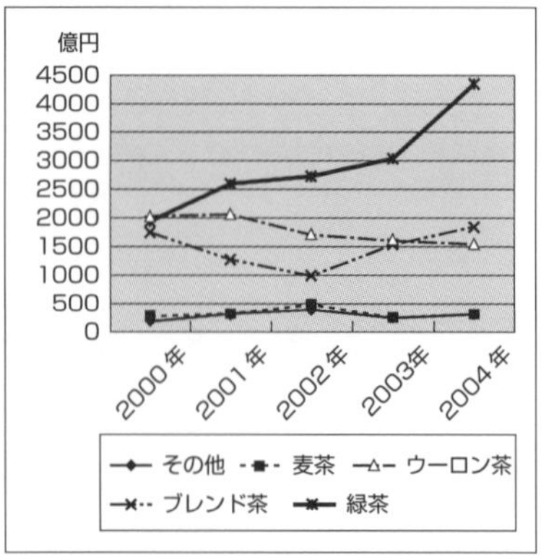

全国清涼飲料水工業会調査《せいりょういんりょうすいこうぎょうかいちょうさ》より

データ⑫　緑茶《りょくちゃ》飲料《いんりょう》を飲む場面

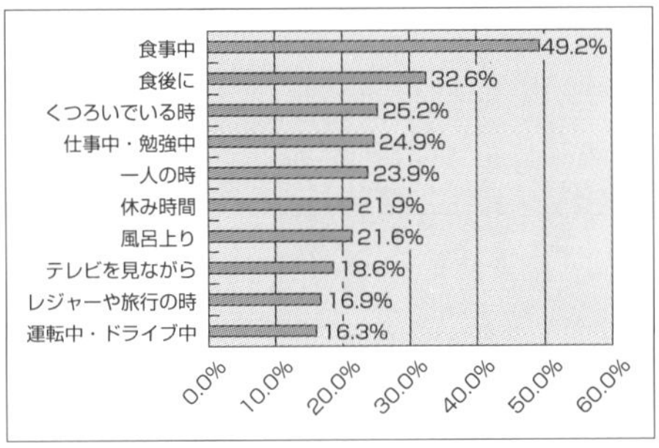

(株)日本《にほん》能率《のうりつ》協会《きょうかい》総合《そうごう》研究所《けんきゅうじょ》MDB「2005年度飲料《いんりょう》消費《しょうひ》実態《じったい》調査《ちょうさ》〈清涼《せいりょう》飲料《いんりょう》編《へん》〉」より

データ⑬　ミネラルウォーターを飲む場面

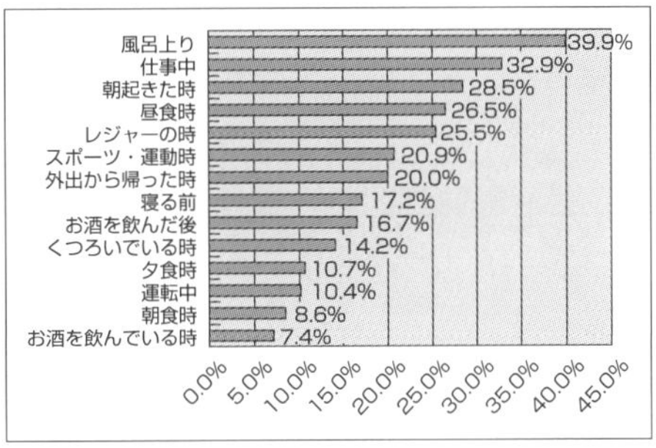

サントリー株式会社《かぶしきがいしゃ》
「ミネラルウォーターレポート2005年版」より

データ⑭　ミネラルウォーターを買わない理由

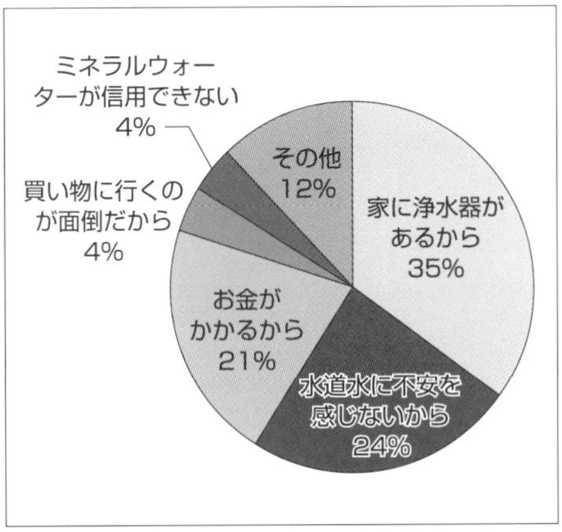

東京《とうきょう》電力《でんりょく》株式会社《かぶしきがいしゃ》「生活情報リサーチサイトTEPOREアンケート」（2006）より

資料を作ってみましょう

発表を、より分かりやすくするために、聞《き》き手《て》に配ったり、見せるための資料を作ります。

聞《き》き手《て》に配って、手元《てもと》で見てもらったり、メモを取ってもらうための資料が「レジュメ」で、聞《き》き手《て》に見せるための資料が、「提示《ていじ》資料」です。

課題《かだい》Ⅰの発表の前に、この2つの資料を作ってみましょう。

【レジュメ】

レジュメは、専門分野やゼミによって、いろいろ形式が違うようです。

次の2つの例を見てください。

例1

人々によく飲まれる飲料とその理由に関する研究

Ⅰ　はじめに

近年、緑茶、中国茶、ブレンド茶など、茶系飲料が人々に好まれ、生産量も増えていると言われている。

このような茶系飲料には、ウーロン茶、玄米茶、抹茶、麦茶、緑茶などの他に、様々な茶葉や穀物などをブレンドしたブレンド茶などがあるが、本研究では、茶系飲料を、茶葉を使った無糖の飲料と定義する。

調査をすると、よく飲まれる飲料の上位3位が、緑茶、中国茶、ブレンド茶など、いわゆる茶系飲料で占められている。また、緑茶飲料の飲用頻度を調べると、「よく飲む」が29%、「時々飲む」が44%となっており、この2つをあわせると、73%を占めていることが分かる。これら2つの資料からも、近年、茶系飲料が多くの人に好まれていると言える。

例2

人々によく飲まれる飲料とその理由に関する研究

Ⅰ　はじめに

1-1　茶系飲料の定義

1-2　茶系飲料の飲用頻度

Ⅱ　飲料購入時に意識していること

例1は、論文とほとんど同じと考えていいでしょう。逆に、例2は、構成だけを示したものです。

次に例3を見てみましょう。

例３

人々によく飲まれる飲料とその理由に関する研究

Ⅰ　はじめに

1−1　茶系飲料の定義
茶系飲料：「ウーロン茶」「玄米茶」「抹茶」「麦茶」「緑茶」など

本研究の定義：茶葉を使った無糖飲料

1−2　茶系飲料の飲用頻度

よく飲む飲料：上位3位 ⇒「緑茶」「中国茶」「ブレンド茶」
⇒茶系飲料

緑茶飲料の飲用頻度：「よく飲む」29%
「時々飲む」44%
計：73%
↓
◎ なぜ、茶系飲料が好まれるのか？

例3は、例2の構成に要点を加えたものです。

先程も述べた通り、専門分野やゼミでいろいろな形がありますから、どれが「正しい」とは言えませんが、ここでは、後で、例1の形にも、例2の形にもしやすい、例3のようなレジュメを作ってみましょう。

注意してほしいポイントは…

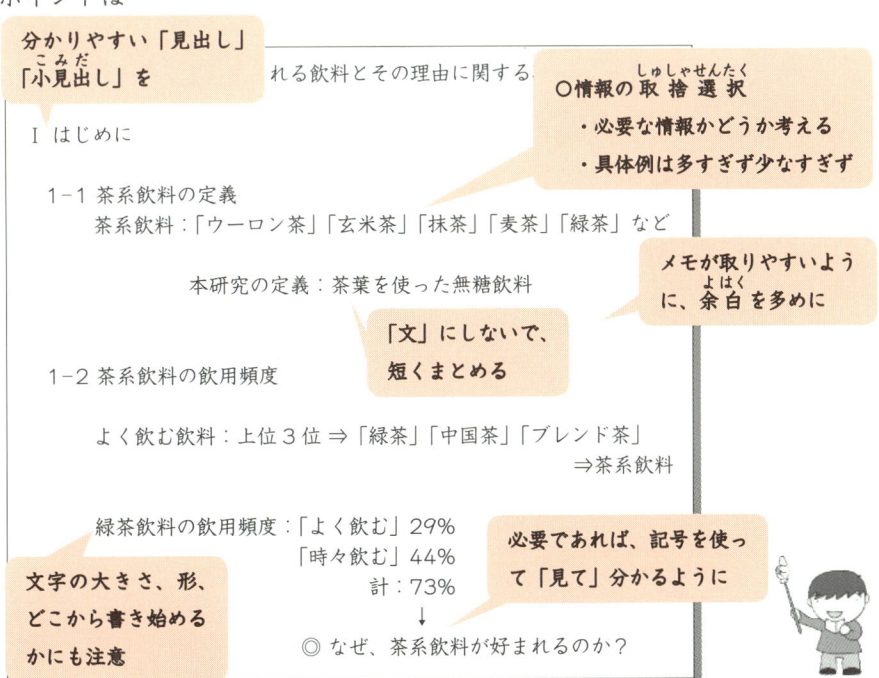

分かりやすい「見出し」「小見出《こみだ》し」を

れる飲料とその理由に関する

〇情報の取捨選択《しゅしゃせんたく》
・必要な情報かどうか考える
・具体例は多すぎず少なすぎず

Ⅰ　はじめに

1−1 茶系飲料の定義
茶系飲料：「ウーロン茶」「玄米茶」「抹茶」「麦茶」「緑茶」など

メモが取りやすいように、余白《よはく》を多めに

本研究の定義：茶葉を使った無糖飲料

「文」にしないで、短くまとめる

1−2 茶系飲料の飲用頻度

よく飲む飲料：上位３位 ⇒「緑茶」「中国茶」「ブレンド茶」
⇒茶系飲料

緑茶飲料の飲用頻度：「よく飲む」29%
「時々飲む」44%
計：73%
↓
◎ なぜ、茶系飲料が好まれるのか？

必要であれば、記号を使って「見て」分かるように

文字の大きさ、形、どこから書き始めるかにも注意

このような形式のレジュメは、話を聞きながらでも分かりやすいように、「読む」ものというより、「見る」ものと考えて作ってみてください。

そのほかにも、レジュメの中に出てくる専門的な言葉や、地名・人名《じんめい》にふりがなを付けたり、外来語《がいらいご》には原語《げんご》（アルファベットのスペルなど）を付けたりすると、分かりやすくなると思います。

【提示《ていじ》資料】

最近では、コンピューターとプロジェクターを使って、聞《き》き手《て》に発表の要点やグラフなどを示しながら発表する人も増えてきました。

このような、聞《き》き手《て》全員に同時に見せる資料が「提示《ていじ》資料」です。

提示《ていじ》資料を使うと、聞《き》き手《て》の注意を引き、重要な部分を印象《いんしょう》付《づ》けることができます。

ただ、提示《ていじ》資料の内容が多すぎると、印象が薄くなってしまいます。レジュメ以上に「見る」ものであると考え、本当に重要なことだけを提示《ていじ》するようにしましょう。

また、せっかく作った提示《ていじ》資料も、字が小さかったり、線が細くて見えなくては意味がありません。字や線は「大きすぎるかな…」と思うぐらいでも大丈夫《だいじょうぶ》です。

注意してほしいポイントは…

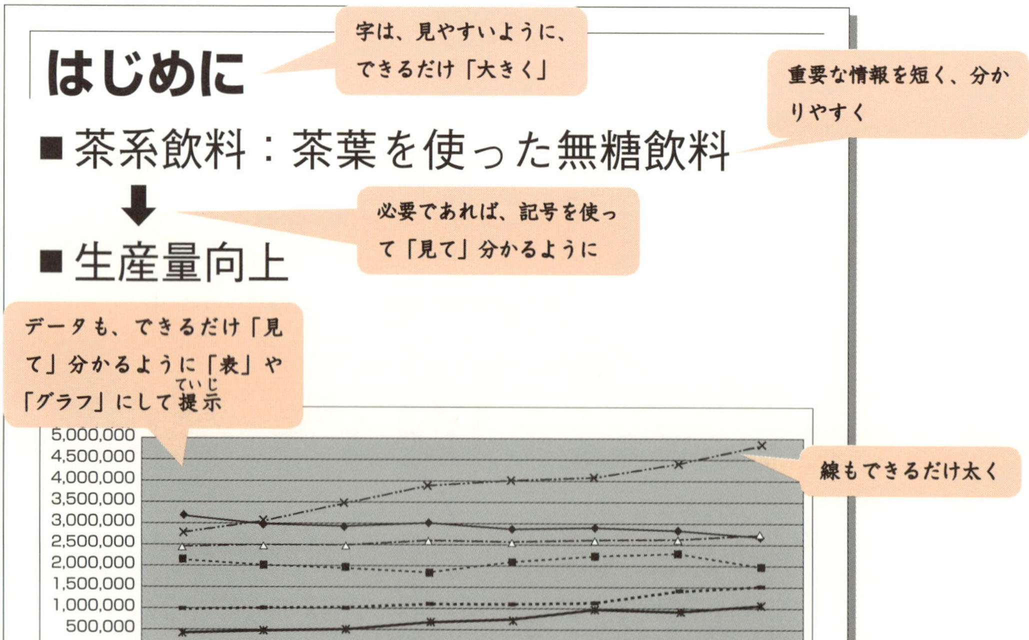

○課題《かだい》Ⅰの発表に必要な資料を作ってみましょう。

○別冊《べっさつ》24～31ページの「参考資料」のレジュメも参考にしてください。

○レジュメの中に入らないような大きな図や表などは、「添付《てんぷ》資料」として、レジュメの後ろにまとめて付けましょう。

課題《かだい》Ⅰ　構成

序論《じょろん》

テーマ

背景説明《はいけいせつめい》

問題提起《もんだいていき》

方向付《ほうこうづ》け

全体の予告《よこく》

本論《ほんろん》

論拠提示《ろんきょていじ》

- データ提示《ていじ》
- データ説明
- データ解釈《かいしゃく》
- 発表者の意見／問題提起《もんだいていき》
- 行動提示《こうどうていじ》

論拠提示《ろんきょていじ》

データ提示《ていじ》

データ説明

データ解釈《かいしゃく》

発表者の意見／問題提起《もんだいていき》

行動提示《こうどうていじ》

論拠提示《ろんきょていじ》

データ提示《ていじ》

データ説明

データ解釈《かいしゃく》

発表者の意見／問題提起《もんだいていき》

行動提示《こうどうていじ》

結論の提示《ていじ》

結《むす》び

全体のまとめ

今後の課題《かだい》

課《か》題《だい》Ⅰの後で…

○録音した発表を聞いて、チェックしてみましょう。

- できたと思う項目《こうもく》には○
- できなかったと思う項目《こうもく》には×
- 自信がないもの、十分ではないものには△

※友達や先生にもチェックしてもらいましょう。

別冊《べっさつ》31～35ページの発表（45～55）も参考にしてください。

チェック項目《こうもく》		自己《じこ》評価		
構成	構成は適切だったか ・問題提起《もんだいていき》に対して適切な回答が提示《ていじ》できましたか？ ・前後の関連が分かるように構成されていますか？ ・1つの文の中に複数の情報が含まれていませんか？			
表現	丁寧《ていねい》な話し言葉で話せたか ・「こうゆう」「～けど」など、くだけた話し言葉になっていませんか？　→参考：別冊《べっさつ》5ページ ・文末《ぶんまつ》が「だ」「である」など、書き言葉になっていませんか？			
	発表の始まりと終わりの表現は適切だったか ・最初のあいさつや題目《だいもく》の紹介、資料の確認はしましたか？ ・最後のあいさつ、質問を促《うなが》す表現は適切でしたか？			
	適切な表現が使えていたか ・話題が切《き》り替《か》わることや、これから何を話すのかを相手に分かりやすく伝えることができましたか？ ・前後の関係を適切な表現で説明することができましたか？			
	同じ言葉や表現の繰《く》り返《かえ》しはなかったか ・何度も同じ表現を使っていませんか？			

音声《おんせい》	話すスピードは適切か ・スピードが速すぎたり、遅すぎたりしていませんか？ ・途中で、詰まったりしていませんか？			
	声の大きさは適切か ・声が大きすぎたり、小さすぎたりしていませんか？			
	発音・アクセント・イントネーションは正しかったか ・発音は正確ですか？ ・正しいアクセント・イントネーションで話していますか？			
文法 語彙《ごい》	文法や語彙《ごい》は間違っていなかったか ・正確な文法で話していますか？ ・語彙《ごい》の使い方は適切ですか？			
態度《たいど》	原稿《げんこう》を読まずに、前を向いて話せたか ・聞《き》き手《て》の様子を見ながら話ができましたか？			
その他《た》	時間通りに発表できたか ・時間が短すぎたり、長すぎたりしませんでしたか？			
	発表の資料は十分だったか ・レジュメは分かりやすかったですか？ ・グラフや表など、聞《き》き手《て》に見せる提示《ていじ》資料は分かりやすかったですか？			

第2部

― 応用練習編 ―

第2部のポイント

① CDを聞き、レジュメに必要な情報や疑問点などのメモを取ることができるようになる。

② 適切な表現を使って発表し、質疑応答《しつぎおうとう》ができるようになる。

注意

① メモを取る時は、聞いた内容をメモするだけでなく、疑問に思ったことなども書き込むようにしましょう。

② 発表内容がいつも「正しい」とは限りません。自分の意見と照《て》らし合《あ》わせながら、批判的に聞きましょう。

③ 質問は、発表者への「攻撃《こうげき》」ではありません。お互いの情報交換や、より良い研究にするためのチャンスです。積極的に質疑応答《しつぎおうとう》をしましょう。

④ 質疑応答《しつぎおうとう》では、円滑《えんかつ》な人間関係に配慮《はいりょ》した話し方をしましょう。たとえ、はっきりと「失礼だ」と言われなくても、思われているかもしれません。

課題《かだい》Ⅱ（1）

※ 課題《かだい》Ⅱ　テーマを決めて、発表してみましょう。

○ テーマが決まらない場合、下の表のテーマを参考にしてください。

○ 下の表のテーマを選んだ場合、サブテーマを設定《せってい》してください。

1	豊かさとは何か
2	科学技術の問題点
3	国際社会と日本
4	日本の教育

例：テーマ：科学技術の問題点

サブテーマ：インターネットの利便性《りべんせい》と犯罪について

○ テーマが決まったら、まず、課題《かだい》Ⅰ構成（90～91ページ）を参考にして構成を考えてみましょう。

※ 課題《かだい》Ⅱの進め方

○ 課題《かだい》Ⅱは、テキストの第2部の学習を進めながら、少しずつ資料を調べたり、レジュメを作ったりしてください。

○ 気が付いたことは、構成メモにどんどん書き加えていってください。

○ テキストの学習が終わったら、発表会をしてみましょう。

○ 発表をするだけでなく、質疑応答《しつぎおうとう》もしてみましょう。

第7課　少子化《しょうしか》①　—はじめに—

※ この課のポイント

◯ 序論《じょろん》の構成を確認する。

◯ 適切な方法で質問をする。

言葉

◯ 次の言葉の中で、意味の分からないものがありますか。

分からない言葉は、意味を調べてみましょう。

少子化《しょうしか》

育児《いくじ》

両立《りょうりつ》

合計特殊出生率《ごうけいとくしゅしゅっしょうりつ》

生涯《しょうがい》

推計《すいけい》

維持《いじ》

歯止《はど》め

地方公共団体《ちほうこうきょうだんたい》

企業《きぎょう》

支援《しえん》

保育所《ほいくしょ》

保育《ほいく》サービス

施設《しせつ》

整備《せいび》

晩婚化《ばんこんか》

拘束感《こうそくかん》

要因《よういん》

◯ これらの言葉から、どんな発表か、予想《よそう》してみましょう。

メモ

CDを聞いて、下のレジュメに必要な情報をメモしてみましょう。また、疑問に思ったことや、問題点など、気が付いたことも書いてみましょう。 56〜65

○○○○年××月△△日

○○大学××学部

△△　□□

少《しょう》子《し》化《か》の原因

—育児と仕事の両《りょう》立《りつ》という観点《かんてん》から—

1　はじめに

1-1　日本の合計特殊《ごうけいとくしゅ》出《しゅっ》生《しょう》率《りつ》

・合計特殊《ごうけいとくしゅ》出《しゅっ》生《しょう》率《りつ》：1人の女性が生《しょう》涯《がい》に産《う》むと思われる子供の平均数

↓

低下…少《しょう》子《し》化《か》問題が深刻化

グラフ1　合計特殊《ごうけいとくしゅ》出《しゅっ》生《しょう》率《りつ》の推移《すいい》

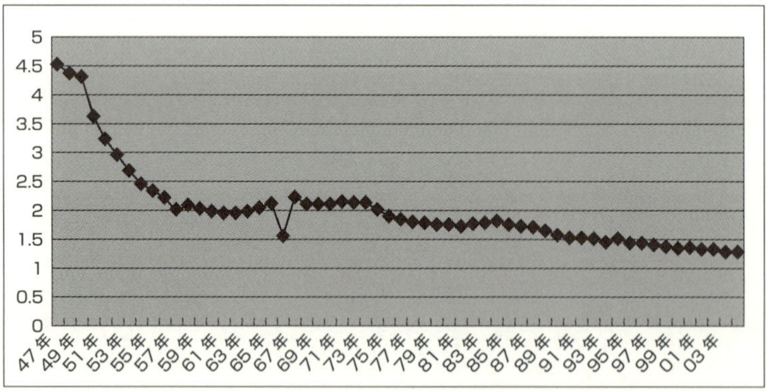

厚生労働省《こうせいろうどうしょう》「人口動態統計《じんこうどうたいとうけい》」より

※ 人口維持《いじ》のため…2.08人必要

⇒ 2004年：1.29人

1-2　1990年以降の対策《たいさく》

・エンゼルプラン：保育所《ほいくしょ》や地域の育児支援設備《しえんせつび》の充実《じゅうじつ》

・新エンゼルプラン：仕事と育児の両立《りょうりつ》、育児の負担感の軽減《けいげん》

・少子化対策《しょうしかたいさく》プラスワン：「男性を含めた働き方の見直《みなお》し」

「地域における育児支援《しえん》」

※ なぜ少子化《しょうしか》傾向に歯止《はど》めがかからなかったのか

1-3　本研究の目的

・少子化《しょうしか》の原因の一つ＝晩婚化《ばんこんか》

要因《よういん》：「仕事のためには、独身のほうが良い」

「家事、育児に対する負担感、拘束感《こうそくかん》が大きい」

↓

育児と仕事の両立《りょうりつ》

少子化《しょうしか》の原因について検討《けんとう》

1-4　本研究の構成

・保育《ほいく》サービスの現状と問題点

・企業《きぎょう》の育児休業制度

・男性の育児に対する考え方と現状

・仕事と育児の両立《りょうりつ》という観点《かんてん》から見た少子化《しょうしか》の原因

・まとめと今後の課題《かだい》

問題　**メモ**をしたレジュメを見ながら、次の問題に答えてください。

(1)　合計《ごうけい》特殊《とくしゅ》出《しゅっ》生《しょう》率《りつ》とは何ですか。簡単に説明してください。

⇒ ____________________

(2)　日本の合計《ごうけい》特殊《とくしゅ》出《しゅっ》生《しょう》率《りつ》は、どのような傾向にありますか。

⇒ ____________________

(3)　合計《ごうけい》特殊《とくしゅ》出《しゅっ》生《しょう》率《りつ》を上げるために、どのような対策《たいさく》が取られましたか。

⇒ ____________________

(4)　その対策《たいさく》の結果、合計《ごうけい》特殊《とくしゅ》出《しゅっ》生《しょう》率《りつ》は回復しましたか。

⇒ ____________________

(5)　晩婚《ばんこん》化《か》の原因として、どのようなことが考えられますか。

⇒ ____________________

(6)　この研究では、どのようなことを明らかにしていきますか。

⇒ ____________________

(7)　次に、どのような話が続くと思いますか。

⇒ ____________________

○すべての問題に答えられましたか。

○答えられなかった問題や疑問に思ったことなどを、質問してみましょう。

考えてみましょう

晩婚化《ばんこんか》の要因《よういん》：「仕事のためには、独身のほうが良い」
「家事、育児に対する負担感、拘束感《こうそくかん》が大きい」

本当？
どうして？

疑問に思ったことは、質問してみましょう。

あなたなら、どう質問しますか。

実際に質問するように話してみましょう。

質問は、録音しておきましょう。

質問する

○ 録音した質問を聞きながら、質問の仕方を考えてみましょう。

前置《まえお》き　先程、晩婚化《ばんこんか》の要因《よういん》は、「仕事のためには、独身のほうが良い」「家事、育児に対する負担感、拘束感《こうそくかん》が大きい」ことだとおっしゃいましたが、

質問　なぜ、そのように言えるのでしょうか。何か、データがあれば、教えていただけませんでしょうか。

お願い　よろしくお願いします。

○質問にも「構成」があります。

○よく使われるのは、「前置《まえお》き」⇒「質問」⇒「お願い」というパターンです。

「前置《まえお》き」には、発表者へのお礼の言葉を言ったり、発表の一部を引用したりすることが多いです。

もちろん、その両方をする人もいます。

○録音した質問をもう１度聞いて、自分の質問の仕方で足りなかったところはないか、考えてみましょう。

練習

○課題《かだい》Ⅱの「序論《じょろん》」を発表してください。

そして、友達や先生に聞いてもらいましょう。

ほかの人の発表も聞いて、質問してみましょう。

○質問する時は、発表者に失礼にならないように注意しましょう。

○質問が長くなり過ぎないように気を付けてください。

○質問の最後には「お願い」の表現を付け、質問が終わったことを発表者に伝えましょう。

第8課　少子化《しょうしか》②

—保育《ほいく》サービスの現状と問題点—

※ この課のポイント

○ 本論《ほんろん》の構成を確認する。

○ 補足《ほそく》説明を求められた場合に、適切に回答をする。

言葉

○ 次の言葉の中で、意味の分からないものがありますか。

分からない言葉は、意味を調べてみましょう。

保育所《ほいくしょ》
施設《しせつ》
本格化《ほんかくか》
資格《しかく》
待機児童《たいきじどう》
推移《すいい》
大都市《だいとし》
周辺《しゅうへん》
中規模《ちゅうきぼ》
実施《じっし》
検討《けんとう》

○ 前回《ぜんかい》の発表から、どんな発表が続くか予想《よそう》してみましょう。

メモ

CDを聞いて、下のレジュメに必要な情報をメモしてみましょう。また、疑問に思ったことや、問題点など、気が付いたことも書いてみましょう。

65～71

2　保育《ほいく》サービスの現状と問題点

保育《ほいく》サービスの代表的な存在＝保育所《ほいくしょ》

2-1　保育所《ほいくしょ》の現状

グラフ2　保育所《ほいくしょ》の数と利用者数の推移《すいい》

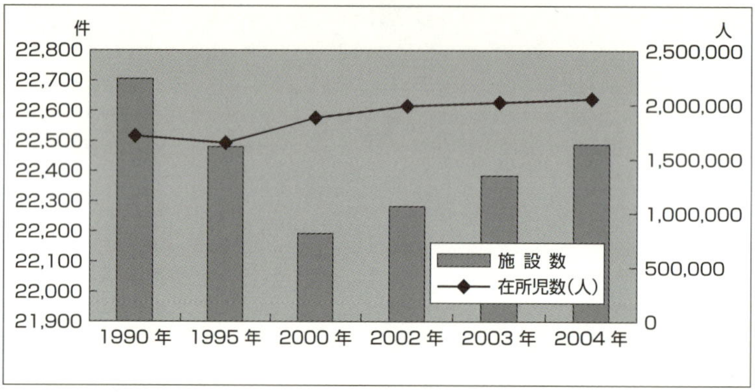

大臣官房《だいじんかんぼう》統計情報部「平成《へいせい》16年社会福祉《しゃかいふくし》施設等《しせつとう》調査報告《ちょうさほうこく》」（2005）より

・2000年以降、施設《しせつ》・利用者数ともに増加傾向

↓

エンゼルプランの成果《せいか》

2-2　待機児童数《たいきじどうすう》

グラフ3　待機児童数《たいきじどうすう》の推移《すいい》

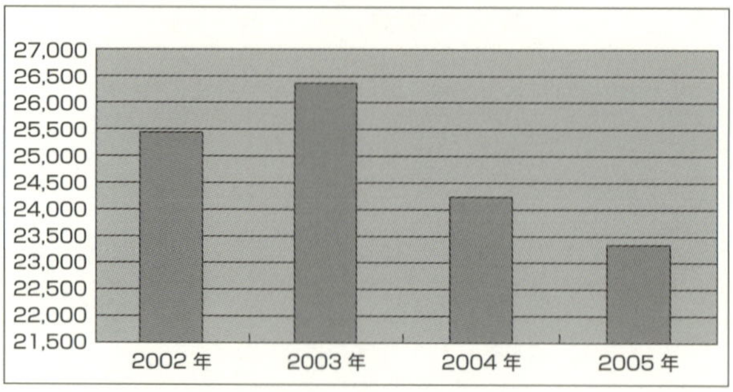

厚生労働省《こうせいろうどうしょう》「保育所《ほいくしょ》入所《にゅうしょ》待機《たいき》児童数《じどうすう》調査《ちょうさ》」（2006）より

表1　待機児童《たいきじどう》の多い市町村《しちょうそん》

	2004年		
	都道府県《とどうふけん》	市町村《しちょうそん》	待機児童数《たいきじどうすう》
1	神奈川県《かながわけん》	横浜市《よこはまし》	1,190
2	大阪府《おおさかふ》	大阪市《おおさかし》	919
3	大阪府《おおさかふ》	堺市《さかいし》	868
4	神奈川県《かながわけん》	川崎市《かわさきし》	755
5	兵庫県《ひょうごけん》	神戸市《こうべし》	623
6	大阪府《おおさかふ》	東大阪市《ひがしおおさかし》	489
7	宮城県《みやぎけん》	仙台市《せんだいし》	462
8	愛知県《あいちけん》	名古屋市《なごやし》	461
9	福岡県《ふくおかけん》	福岡市《ふくおかし》	447
10	神奈川県《かながわけん》	相模原市《さがみはらし》	410

厚生労働省《こうせいろうどうしょう》「保育所入所待機児童数調査《ほいくしょにゅうしょたいきじどうすうちょうさ》」(2006)より

・待機児童数《たいきじどうすう》＝減少《げんしょう》傾向

↓

まだ、23,000人存在

・大都市《だいとし》・大都市《だいとし》周辺《しゅうへん》の中規模《ちゅうきぼ》都市に多い

↓

地域差がある

2–3　保育所《ほいくしょ》の現状のまとめ

・エンゼルプランの実施《じっし》→保育所《ほいくしょ》増加

・地域によっては、待機児童《たいきじどう》が存在

↓

育児と仕事の両立《りょうりつ》が難しい状況

↓

長期にわたる休業が必要

問題　**メモ**をしたレジュメを見ながら、次の問題に答えてください。

(1)　保育所《ほいくしょ》とは、どのような施設《しせつ》ですか。

⇒ ＿＿＿＿＿＿＿＿＿＿＿＿＿＿＿＿＿＿＿＿＿＿＿＿＿＿＿＿＿＿

(2)　保育所《ほいくしょ》の数と利用者は、どのような傾向にありますか。

⇒ ＿＿＿＿＿＿＿＿＿＿＿＿＿＿＿＿＿＿＿＿＿＿＿＿＿＿＿＿＿＿

(3)　待機児童《たいきじどう》とは、どのような人ですか。

⇒ ＿＿＿＿＿＿＿＿＿＿＿＿＿＿＿＿＿＿＿＿＿＿＿＿＿＿＿＿＿＿

(4)　待機児童数《たいきじどうすう》には、どのような特徴《とくちょう》がありますか。

⇒ ＿＿＿＿＿＿＿＿＿＿＿＿＿＿＿＿＿＿＿＿＿＿＿＿＿＿＿＿＿＿

(5)　エンゼルプランの実施《じっし》により、どのような成果《せいか》がありましたか。

⇒ ＿＿＿＿＿＿＿＿＿＿＿＿＿＿＿＿＿＿＿＿＿＿＿＿＿＿＿＿＿＿

(6)　子供を保育所《ほいくしょ》に預けられない場合、どうしなければなりませんか。

⇒ ＿＿＿＿＿＿＿＿＿＿＿＿＿＿＿＿＿＿＿＿＿＿＿＿＿＿＿＿＿＿

(7)　次に、どのような話が続くと思いますか。

⇒ ＿＿＿＿＿＿＿＿＿＿＿＿＿＿＿＿＿＿＿＿＿＿＿＿＿＿＿＿＿＿

○すべての問題に答えられましたか。
○もう１度、CDを聞いたり、レジュメを見たりして、答えを確認してみましょう。
○実際に質問された時、どのように答えたらいいか、考えてみましょう。

考えてみましょう

前《まえ》置《お》き

発表、ありがとうございました。
発表の中で、保育所《ほいくしょ》の現状について、お話ししていましたが、

質問

似たような施設《しせつ》に幼稚園《ようちえん》があると思うのですが、保育所《ほいくしょ》と幼《よう》稚園《ちえん》は、同じなのでしょうか。教えていただけませんでしょうか。

お願い

よろしくお願いします。

この質問は、発表内容について、詳細《しょうさい》な説明や補足《ほそく》を求める内容になっています。あなたなら、どう回答しますか？
質問に答えてみましょう。

実際に回答するように話してみましょう。
回答は、録音しておきましょう。

回答する（1）

すみません、ちょっと説明が足りなかったと思いますので、補足《ほそく》させていただきます。　おわび

先程おっしゃった幼稚園《ようちえん》は、小学校、中学校や高等学校と同じ「学校」である一方、保育所《ほいくしょ》は、「児童福祉施設《じどうふくししせつ》」です。　回答

一般的に、幼稚園《ようちえん》は、３歳児《さいじ》から就学前《しゅうがくまえ》の幼児を対象としているのに対し、保育所《ほいくしょ》は、０歳児《さいじ》から就学前《しゅうがくまえ》の子供も対象としているという大きな違いがあります。

１日の保育《ほいく》時間も、幼稚園《ようちえん》は4時間、保育所《ほいくしょ》は8時間を標準としており異なっています。

今回は、女性の仕事と育児の両立《りょうりつ》という観点《かんてん》で研究しましたので、保育《ほいく》時間が短く、3歳以前の子供の保育《ほいく》をしない幼稚園《ようちえん》は研究対象としませんでした。　補足《ほそく》

これで、お答えになりますでしょうか。　確認

はい。ありがとうございました。

○回答にも「構成」があります。

○発表内容について、補足《ほそく》を求められた場合、

「おわび」⇒「回答/結論」「補足《ほそく》説明」⇒「確認」

がよく使われます。

○録音した回答をもう１度聞いて、自分の回答で足りなかったところはないか、考えてみましょう。

練習

○課題《かだい》Ⅱの「序論《じょろん》」「本論《ほんろん》（データ）」を発表してください。
そして、友達や先生に聞いてもらい、質問を受けてください。

○質問者に失礼にならないように注意しましょう。

○回答が長くなりすぎないように、要点を分かりやすく説明してください。

第9課　少子化《しょうしか》③
―企業《きぎょう》の育児休業制度について―

※ この課のポイント

○ 本論《ほんろん》の構成を確認する。

○ 新しい情報を求められた場合に、適切に回答をする。

言葉

○ 次の言葉の中で、意味の分からないものがありますか。

分からない言葉は、意味を調べてみましょう。

企業《きぎょう》
従業員《じゅうぎょういん》
急激《きゅうげき》
制定《せいてい》
整備《せいび》
取得率《しゅとくりつ》
規模《きぼ》
金銭《きんせん》
支援《しえん》
役割分担《やくわりぶんたん》
意識《いしき》
専念《せんねん》する

○ 前回《ぜんかい》の発表から、どんな発表が続くか予想《よそう》してみましょう。

メモ

CDを聞いて、下のレジュメに必要な情報をメモしてみましょう。
また、疑問に思ったことや、問題点など、気が付いたことも書いてみましょう。

71 ～ 77

3　企業《きぎょう》の育児休業制度について

3-1　育児休業制度がある企業数《きぎょうすう》

グラフ４　育児休業制度のある会社の割合

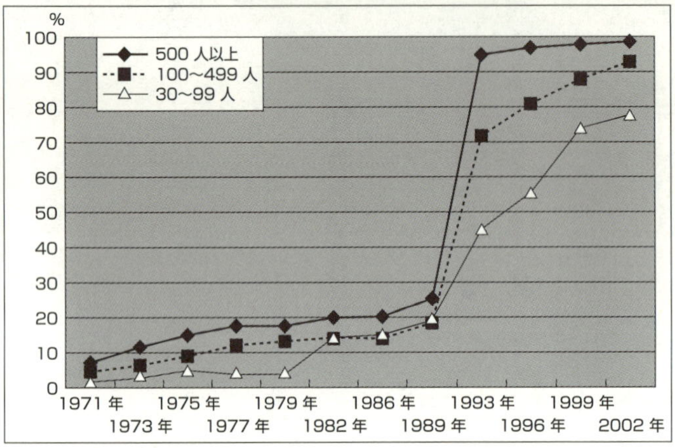

厚生労働省《こうせいろうどうしょう》「女子《じょし》保《ほ》護《ご》実施状況調査《じっしじょうきょうちょうさ》」「女性《じょせい》雇用管理《こようかんり》基本調査《きほんちょうさ》」（2003）より

・1993年以降、急激《きゅうげき》に増加

↓

1992年：育児休業法制定《せいてい》

育児休業法：男女《だんじょ》共、子供が1歳6か月になるまで、

仕事を休むことができる

3-2　育児休業制度取得率《しゅとくりつ》

グラフ５　育児休業取得率《しゅとくりつ》の推移《すいい》

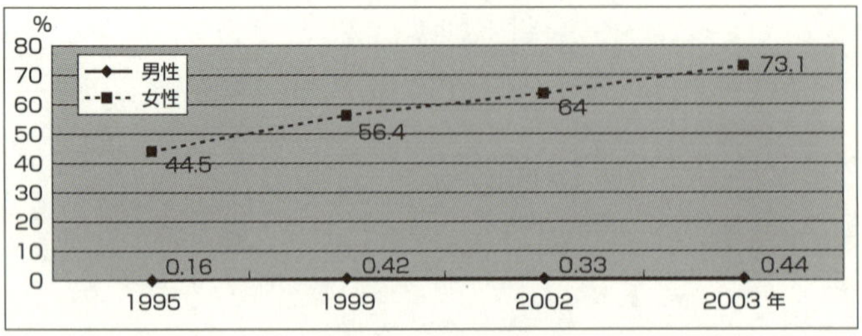

厚生労働省白書等《こうせいろうどうしょうはくしょとう》データベースシステムより

取得率《しゅとくりつ》：男女《だんじょ》共増加傾向

2003年：女性＝73.1%

男性：0.44%

※ なぜ男性の取得率《しゅとくりつ》が低いのか

3-3　休業中の金銭《きんせん》の支給

グラフ６　企業《きぎょう》規模《きぼ》別《べつ》育児休業中の金銭《きんせん》支給率

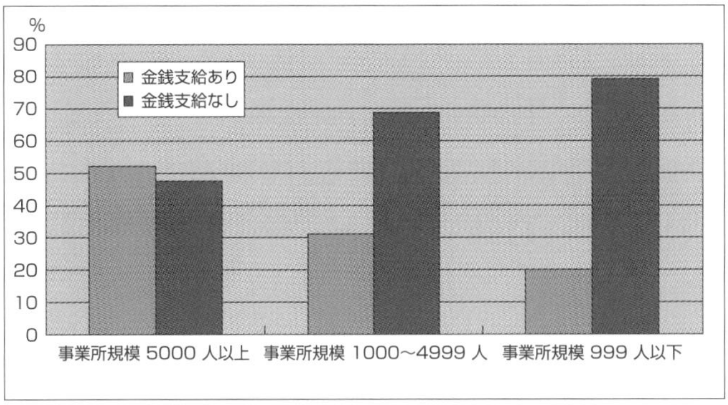

厚生労働省《こうせいろうどうしょう》「女性《じょせい》雇用《こよう》管理《かんり》基本《きほん》調査《ちょうさ》」（2000）より

・大企業《だいきぎょう》

支給あり：52.3%

・従業員《じゅうぎょういん》1,000人以下の企業《きぎょう》

支給あり：20.1%

・男女《だんじょ》共育児休業 → 収入なし

↓

育児どころではない

3-4　企業《きぎょう》の育児休業制度のまとめ

・金銭《きんせん》の支給がないため、夫婦共に取得《しゅとく》することが困難

↓

女性が育児休暇を取得《しゅとく》：女性 → 家事、育児

男性 → 仕事

○古くからの役割分担《ぶんたん》意識 → 女性が負担感

問題　**メモ**をしたレジュメを見ながら、次の問題に答えてください。

(1)　育児休業制度がある企《き》業《ぎょう》数《すう》は、どのように変化しましたか。

⇒ ______________________________

(2)　育児休業制度がある企《き》業《ぎょう》が増加したきっかけは何ですか。

⇒ ______________________________

(3)　育児休業は、どのような人が、どれぐらいの長さ取れますか。

⇒ ______________________________

(4)　女性の育児休業取《しゅ》得《とく》率《りつ》は、どのような傾向がありますか。

⇒ ______________________________

(5)　育児休業中の金《きん》銭《せん》の支給には、どのような傾向がありますか。

⇒ ______________________________

(6)　男性の育児休業取《しゅ》得《とく》率《りつ》が低いのは、なぜでしょうか。

⇒ ______________________________

(7)　次に、どのような話が続くと思いますか。

⇒ ______________________________

○すべての問題に答えられましたか。
○もう１度、CDを聞いたり、レジュメを見たりして、答えを確認してみましょう。
○実際に質問された時、どのように答えたらいいか、考えてみましょう。

考えてみましょう

前置《まえお》き　先程、金銭《きんせん》の支給がないために、男性の育児休業取得率《しゅとくりつ》が低いとおっしゃっていましたが、

質問　金銭《きんせん》の支給があれば、男性の育児休業取得率《しゅとくりつ》が上がるとお考えでしょうか。

お願い　よろしくお願いします。

この質問は、発表内容についての新しい情報や、発表項目間《こうもくかん》の関連性、発表者の考えなどの説明を求めるパターンです。

あなたなら、どう回答しますか。

質問に答えてみましょう。

実際に回答するように話してみましょう。

回答は、録音しておきましょう。

はい、金銭《きんせん》の保障《ほしょう》が十分にあれば、育児休業を取る男性は増えると思います。　回答

実際に、男性の育児休業の取得率《しゅとくりつ》が8割弱《わりじゃく》と最も高いスウェーデンでは、休業中の最初の約1年間は、賃金《ちんぎん》の80%が保《ほ》障《しょう》されています。　例／根拠《こんきょ》

このような例があることから、日本でも、休業中の金銭《きんせん》を保障《ほしょう》し、育児休業中もゆとりを持って生活できるようにすれば、育児休業を取る男性が増えると思います。　まとめ

しかし、休業中の金銭《きんせん》を、企業《きぎょう》が無理なく負担する方法については、今回は調べることができませんでした。今後の課題《かだい》としたいと思います。　課題《かだい》

これで、お答えになりますでしょうか。　確認

はい。ありがとうございました。

○今回は、新しい情報や、発表者の考え、関連性などの説明を求められた場合のパターンです。「はい」「いいえ」や「ある」「なし」など、簡単な回答が可能な場合もありますが、それだけで回答を終わらないようにしましょう。

○まず、「回答」を簡単に述べ、その後、「例」や「根拠《こんきょ》」「資料」を提示《ていじ》し、最後に「まとめ」をするというパターンがよく使われます。

○必要な場合、「課題《かだい》」も挙《あ》げておきましょう。

○録音した回答をもう１度聞いて、質問のパターンによって、適当な回答ができているかを、チェックしてみましょう。

練習

○課題《かだい》Ⅱの「序論《じょろん》」「本論《ほんろん》」を発表してください。

そして、友達や先生に聞いてもらい、質問を受けてください。

○質問された内容は、もう１度よく考えて、課題《かだい》Ⅱの発表内容を、さらに良くするための参考にしてください。

第10課　少子化《しょうしか》④

―男性の育児に対する考え方と現状―

※ この課のポイント

○ 本論《ほんろん》の構成を確認する。

○ 反論《はんろん》された場合に、適切に回答をする。

言葉

○ 次の言葉の中で、意味の分からないものがありますか。

分からない言葉は、意味を調べてみましょう。

既婚者《きこんしゃ》	労働時間《ろうどうじかん》
短時間《たんじかん》	帰宅《きたく》
肯定的《こうていてき》	結果的《けっかてき》に
評価《ひょうか》	負担感《ふたんかん》

○ 前回《ぜんかい》の発表から、どんな発表が続くか予想《よそう》してみましょう。

メモ

CDを聞いて、下のレジュメに必要な情報をメモしてみましょう。また、疑問に思ったことや、問題点など、気が付いたことも書いてみましょう。 77～82

4　男性の育児に対する考え方と現状

4-1　男性の育児時間

グラフ7　男女別既婚者《だんじょべつきこんしゃ》の1日の育児時間

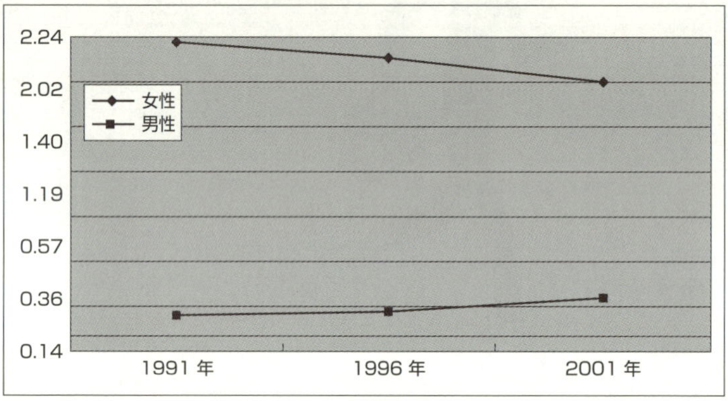

総務省《そうむしょう》「社会生活基本調査」(2002)より

女性：平均2時間以上

男性：18分

4-2　男性の育児に対する意識

グラフ8　男性の育児に対する意識

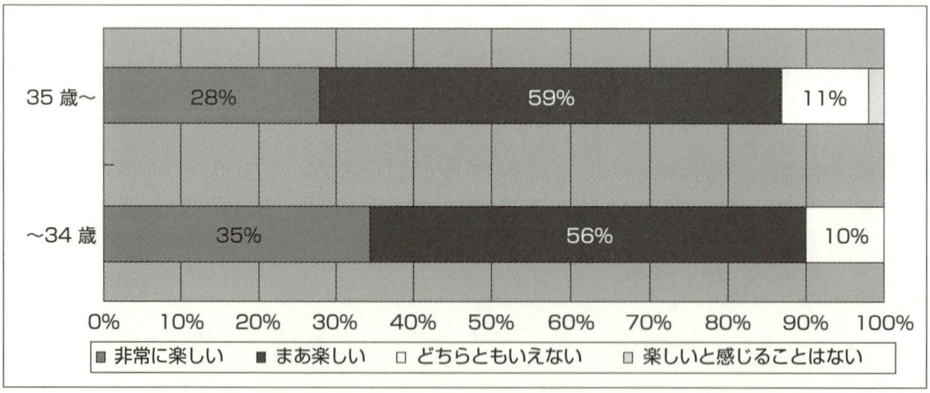

インターネットリサーチ「DR1」「『育児』に関する調査」(2003)より

・男性：育児に肯定的→なぜ、時間が短いのか

4-3　男性の労働時間

グラフ９　週に 60 時間以上働く男性の割合

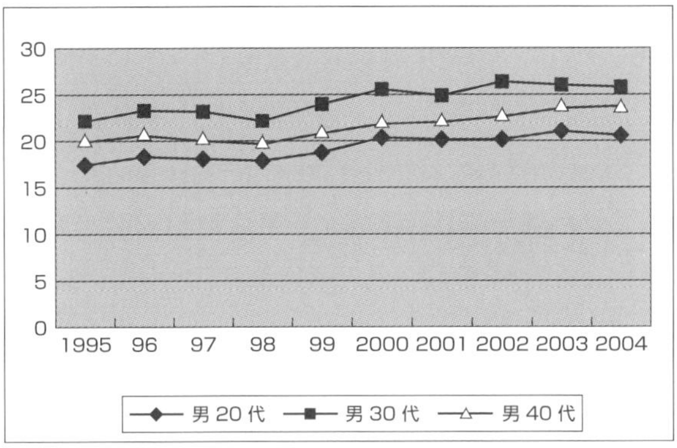

総務省《そうむしょう》「労働力調査」（2005）より

グラフ 10　父親の帰宅時間

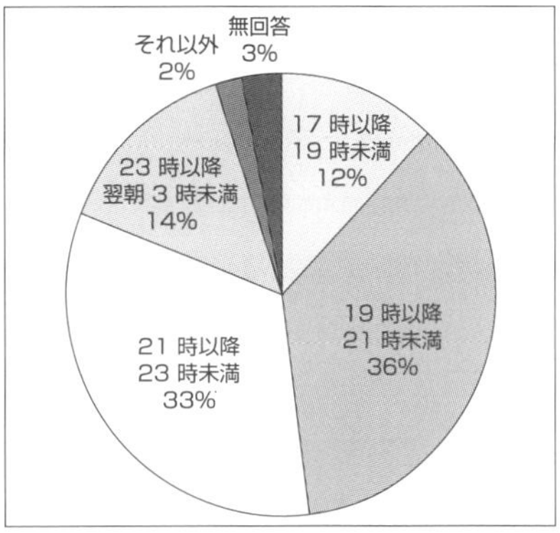

(株)UFJ総合研究所《そうごうけんきゅうじょ》(厚生労働省《こうせいろうどうしょう》委託調査《いたくちょうさ》)
「子育て支援策等《しえんさくとう》に関する調査研究」(2003)
より

・30代男性：４人に１人が週に60時間以上労働

・帰宅時間：約半数が夜9時以降

↓

育児に十分な時間を割《さ》ける状況ではない

4-4　男性の育児に対する考え方と現状のまとめ

・男性：育児に対して肯定的

・しかし、十分な時間が取れない状況

↓

育児に対する女性の負担感が高《たか》まる

問題　**メモ**をしたレジュメを見ながら、次の問題に答えてください。

(1)　既婚者《きこんしゃ》の女性の育児時間は、どのような傾向にありますか。

⇒ ______________________________

(2)　既婚者《きこんしゃ》の男性の育児時間は、どのような傾向にありますか。

⇒ ______________________________

(3)　男性は、育児に対して、どのような評価をしていますか。

⇒ ______________________________

(4)　男性の労働時間は、どのような傾向にありますか。

⇒ ______________________________

(5)　男性が、育児に十分な時間が取れないのは、なぜでしょう。

⇒ ______________________________

(6)　あなたは、「日本の男性は、時間がないから育児をしない」という意見について、どう思いますか。

⇒ ______________________________

○すべての問題に答えられましたか。

○もう１度、CDを聞いたり、レジュメを見たりして、答えを確認してみましょう。

○発表者の意見と、あなたの意見が違う時、あなたはどうしますか。

考えてみましょう

前置《まえお》き　レジュメの4-3のところで、4人に1人が週に60時間以上働いており、男性は時間がないから育児をしないとおっしゃっていましたが、

質問　残りの75%近くの人は、時間があり、育児ができるのではないでしょうか。そう考えると、男性は、時間があっても育児をしないと思うのですが、どのようにお考えでしょうか。

お願い　お考えをお聞かせください。

この質問は、質問の形式ですが、発表内容について反論《はんろん》をしているパターンです。あなたなら、どう回答しますか。
質問に答えてみましょう。

実際に回答するように話してみましょう。
回答は、録音しておきましょう。

回答する（3）

確かに、おっしゃるとおり、時間があっても育児をしない男性もいます。これは、レジュメの3-4でも触れた、古くからの役割分担《ぶんたん》意識が影《えい》響《きょう》していると考えられます。

前置《まえお》き

しかし、グラフ8でも見たように、男性は、育児を楽しいと感じ、肯定的に評価をしていることから、時間に余裕《よゆう》ができれば男性の育児時間も増えるのではないかと思います。

反論《はんろん》

実際、育児に肯定的である一方、グラフ10で見たように、父親の約半数が9時以降に帰宅しており、育児をしたくても十分な時間が割《さ》けないのが現状です。

例／根拠《こんきょ》

ですから、時間的な余裕《よゆう》さえあれば、男性の育児参加は増えると考えています。

まとめ

これで、お答えになりますでしょうか。　確認

はい。ありがとうございました。

○質問の形であっても、内容的に、「反対の意見」であることがよくあります。

○反論《はんろん》が出された場合、すぐに自分の意見を述べるのではなく、まず、「前置《まえお》き」をし、相手の主張を受《う》け入《い》れます。その後、「反論《はんろん》」に対する自分の意見を述べます。それに続いて「例」や「根拠《こんきょ》」を述べるのも効果的です。最後に「まとめ」をすると、自分の主張を相手により印象《いんしょう》付《づ》けることができます。

○一旦《いったん》、相手の意見を受《う》け入《い》れることにより、自分の主張も相手に受《う》け入《い》れられやすくなります。また、人間関係を考える上でも、注意してください。

練習

○課題《かだい》 II を発表してください。

そして、友達や先生に聞いてもらい、質問を受けてください。

○反対意見が出たときに、質問者に不快《ふかい》な思いをさせないように、回答してください。

○質問や意見は、今後の研究の参考にしてください。

第11課　少子化《しょうしか》⑤

—まとめと今後の課題《かだい》—

※この課のポイント

○ 結論の提示《ていじ》と結《むす》びの構成を確認する。

○ 質問が分からない、回答できない時に、適切に対処《たいしょ》する。

言葉

○ 次の言葉の中で、意味の分からないものがありますか。

　分からない言葉は、意味を調べてみましょう。

経済的《けいざいてき》

保障《ほしょう》

向《む》き合《あ》う

意欲《いよく》

影響《えいきょう》

図《はか》る

解決策《かいけつさく》

多様《たよう》

背景《はいけい》

○ 前回《ぜんかい》の発表から、どんな発表が続くか、予想《よそう》してみましょう。

メモ

CD を聞いて、下のレジュメに必要な情報をメモしてみましょう。
また、疑問に思ったことや、問題点など、気が付いたことも書いてみましょう。

83～88

5　仕事と育児の両立《りょうりつ》という観点《かんてん》から見た少子化《しょうしか》の原因

5-1　働く意欲《いよく》を持つ女性が育児を負担に感じる原因

（1）地域によっては保育所待機児童《ほいくしょたいきじどう》が存在し、子供を預けて仕事をするのが困難

（2）育児休業中の経済的な保障《ほしょう》がなく、女性が育児の中心となってしまう

（3）男性は週60時間以上の労働や、帰宅時間が遅いため、育児に十分な時間がない

※女性の育児に対する負担感が高《たか》まっている

5-2　結論

・現在は育児と仕事の両立《りょうりつ》が困難

↓

働く意欲《いよく》のある女性：結婚しない

結婚しても子供を産《う》まない

↓

少子化《しょうしか》の原因の一つ

・少子化《しょうしか》→労働力の減少《げんしょう》、社会保障《ほしょう》負担の増大などの影響《えいきょう》

↓

解決を図《はか》ることが重要

6　まとめと今後の課題《かだい》

6-1　まとめ

・育児の負担が女性に集中

・仕事と育児の両立《りょうりつ》が困難

・そのために、女性が結婚しない、結婚しても子供を産《う》まないという選択《せんたく》

6-2　今後の課題《かだい》

・解決策《かいけつさく》を検討《けんとう》する必要がある

↓

人によって、ニーズが違う

・多様《たよう》な背景《はいけい》を持つ女性を対象：育児に対する意識

ニーズ

↓

解決策《かいけつさく》を検討《けんとう》

問題　**メモ**をしたレジュメを見ながら、次の問題に答えてください。

（1）　育児と仕事の両立《りょうりつ》という観点《かんてん》から見た少子化《しょうしか》の原因には、何がありましたか。

⇒

⇒

⇒

（2）　その結果、どのような現象が起こっていると考えられますか。

⇒

（3）　少子化《しょうしか》は、社会にどんな影響《えいきょう》を与えると考えられていますか。

⇒

（4）　今後の課題《かだい》は、どんなことですか。

⇒

（5）　あなたは、どのようにすれば少子化《しょうしか》を解決できると思いますか。

⇒

○全ての問題に答えられましたか。

○もう１度、CDを聞いたり、レジュメを見たりして、答えを確認してみましょう。

○友達と質疑応答《しつぎおうとう》の練習をしてみましょう。

考えてみましょう

前置《まえお》き

発表、ありがとうございました。
発表の中で、保育所《ほいくしょ》の現状について、おっしゃっていましたが、

質問

似たような施設《しせつ》に幼稚園《ようちえん》があると思うのですが、保育所《ほいくしょ》と幼稚園《ようちえん》は、同じなのでしょうか。
教えていただけませんでしょうか。

お願い

よろしくお願いします。

質問が分からなかったり、回答ができない時、どうしますか。
考えてみましょう。

質問を確認する

○ 質問が分からなかった時は、質問の内容を確認しましょう。

すみません、ちょっと確認したいのですが、　前置《まえお》き

今のご質問は、保育所《ほいくしょ》と幼稚園《ようちえん》の違いは何か、ということでよろしいでしょうか。　確認

はい、そうです。

よろしくお願いします。

?

前置《まえお》き　すみません、2点、お聞きしたいのですが、

質問①　1点目は、保育所《ほいくしょ》と似た施設《しせつ》に幼稚園《ようちえん》があると思うのですが、保育所《ほいくしょ》と幼稚園《ようちえん》がどう違うのかということです。

質問②　2点目は、幼稚園《ようちえん》の利用者の傾向は、保育所《ほいくしょ》とどう違うのか、ということです。

お願い　以上、2点について、よろしくお願いします

すみません、2点目の質問についてですが、　前置《まえお》き

幼稚園《ようちえん》の利用者が増えているかどうか、ということでしょうか。　確認

あ、すみません。

利用者が増えているかどうかではなく、保育所《ほいくしょ》と、傾向がどう違うのかを教えていただきたいのですが…

すみません、もう1度、ゆっくりお願いします。
すみません、もう1度、簡単な日本語でお願いします。

○質問が分からなかった時には、「確認」をしましょう。

○複数の質問が出た時には、幾《いく》つ目の質問が分からなかったかも言いましょう。

○日本語が難しくて分からなかった時には、「ゆっくりとお願いします」「簡単な日本語でお願いします」など、相手に配慮《はいりょ》を求めてください。

回答できない

前置《まえお》き

発表、ありがとうございました。
発表の中で、保育所《ほいくしょ》の現状について、おっしゃっていましたが、

質問

幼稚園《ようちえん》と保育所《ほいくしょ》の利用者の傾向は、どう違うのでしょうか。
何か、データがあれば、教えていただけませんでしょうか。

お願い

よろしくお願いします。

すみません。

今回は、保育所《ほいくしょ》を研究対象としましたので、まだ調べておりません。

今後の課題《かだい》とさせていただきます。

すみません。

その点については、まだ調べておりません。

今後の課題《かだい》とさせていただきます。
ご指摘《してき》、ありがとうございました。

申《もう》し訳《わけ》ないのですが、今、手元《てもと》に資料がございませんので、後《のち》ほど答えさせていただきます。

よろしいでしょうか。

はい。それでは、後《のち》ほど、お願いいたします。

○「後《のち》ほど答えさせていただきます」と言った場合、必ず、発表の後で質問に答えてください。

練習

○課題《かだい》IIを発表して、質疑《しつぎ》応答《おうとう》をしてみましょう。

課題《かだい》Ⅱ(2)

※課題《かだい》Ⅱで、みんなで発表会をしてみましょう。

発表時間は、1人20分、質疑応答《しつぎおうとう》は、10分です。

司会、時計係も決めてください。

課題《かだい》Ⅱの後で…

〇録音したものを聞いて、発表、質問、回答のそれぞれについて、チェックしてみましょう。

- できたと思う項目《こうもく》には〇
- できなかったと思う項目《こうもく》には×
- 自信がないもの、十分ではないものには△

※友達や先生にもチェックしてもらいましょう。

【発表】

チェック項目《こうもく》		自己《じこ》 評価		
構成	構成は適切だったか ・問題提起《もんだいていき》に対して適切な回答が提示《ていじ》できましたか？ ・前後の関連が分かるように構成されていますか？ ・１つの文の中に複数の情報が含まれていませんか？			
表現	丁寧《ていねい》な話し言葉で話せたか ・「こうゆう」「～けど」など、くだけた話し言葉になっていませんか？　→参考：別冊《べっさつ》５ページ ・文末《ぶんまつ》が「だ」「である」など、書き言葉になっていませんか？			
	発表の始まりと終わりの表現は適切だったか ・最初のあいさつや題目《だいもく》の紹介、資料の確認はしましたか？ ・最後のあいさつ、質問を促《うなが》す表現は適切でしたか？			
	適切な表現が使えていたか ・話題が切《き》り替《か》わることや、これから何を話すのかを相手に分かりやすく伝えることができましたか？ ・前後の関係を適切な表現で説明することができましたか？			
	同じ言葉や表現の繰《く》り返《かえ》しはなかったか ・何度も同じ表現を使っていませんか？			

音声《おんせい》	話すスピードは適切か ・スピードが速すぎたり、遅すぎたりしていませんか？ ・途中で、詰まったりしていませんか？			
	声の大きさは適切か ・声が大きすぎたり、小さすぎたりしていませんか？			
	発音・アクセント・イントネーションは正しかったか ・発音は正確ですか？ ・正しいアクセント・イントネーションで話していますか？			
文法 語彙《ごい》	文法や語彙《ごい》は間違っていなかったか ・正確な文法で話していますか？ ・語彙《ごい》の使い方は適切ですか？			
態度《たいど》	原稿《げんこう》を読まずに、前を向いて話せたか ・聞《き》き手《て》の様子を見ながら話ができましたか？			
その他《た》	時間通りに発表できたか ・時間が短すぎたり、長すぎたりしませんでしたか？			
	発表の資料は十分だったか ・レジュメは分かりやすかったですか？ ・グラフや表など、聞《き》き手《て》に見せる提示《ていじ》資料は分かりやすかったですか？			

【質問】

チェック項目《こうもく》		自己《じこ》評価		
構成	構成は適切だったか ・「前置《まえお》き」⇒「質問」⇒「お願い」の順で質問できましたか？			
表現	丁寧《ていねい》な話し言葉で話せたか ・「こうゆう」「～けど」など、くだけた話し言葉になっていませんか？ ・文末《ぶんまつ》が「だ」「である」など、書き言葉になっていませんか？			
	「前置《まえお》き」や「お願い」の表現は適切だったか ・前置《まえお》きは適切ですか？ ・複数の質問がある場合の前置《まえお》きは大丈夫《だいじょうぶ》ですか？ ・「お願い」をして、相手に「質問」が終わったことを伝えましたか？			
	適切な表現が使えていたか ・「ですか」ではなく「でしょうか」などの形で質問していましたか？ ・相手に対して、失礼な質問の仕方になっていませんか？			
音声《おんせい》	話すスピードは適切か ・スピードが速すぎたり、遅すぎたりしていませんか？ ・途中で、詰まったりしていませんか？			
	声の大きさは適切か ・声が大きすぎたり、小さすぎたりしていませんか？			
	発音・アクセント・イントネーションは正しかったたか ・発音は正確ですか？ ・正しいアクセント・イントネーションで話していますか？			
文法 語彙《ごい》	文法や語彙《ごい》は間違っていなかったか ・正確な文法で話していますか？ ・語彙《ごい》の使い方は適切ですか？			
その他《た》	質問が長すぎなかったか ・質問事項《しつもんじこう》を簡潔《かんけつ》に話すことができましたか？			

【回答】

チェック項目《こうもく》		自己《じこ》評価		
構成	構成は適切だったか ・「質問」の内容に合わせて、回答のパターンを変えられましたか？			
表現	丁寧《ていねい》な話し言葉で話せたか ・「こうゆう」「〜けど」など、くだけた話し言葉になっていませんか？ ・文末《ぶんまつ》が「だ」「である」など、書き言葉になっていませんか？			
	適切な表現が使えていたか ・「おわび」の表現や、「回答できない」場合の表現は大丈《だいじょう》夫《ぶ》ですか？ ・「反論《はんろん》」に対して、適切な回答ができましたか？ ・相手に対して、失礼な回答の仕方になっていませんか？			
音声《おんせい》	話すスピードは適切か ・スピードが速すぎたり、遅すぎたりしていませんか？ ・途中で、詰まったりしていませんか？			
	声の大きさは適切か ・声が大きすぎたり、小さすぎたりしていませんか？			
	発音・アクセント・イントネーションは正しかったか ・発音は正確ですか？ ・正しいアクセント・イントネーションで話していますか？			
文法 語彙《ごい》	文法や語彙《ごい》は間違っていなかったか ・正確な文法で話していますか？ ・語彙《ごい》の使い方は適切ですか？			
その他《た》	回答が長すぎなかったか ・回答が長すぎたり、短すぎたりしていませんか？			
	質問が終わってから回答したか ・相手の質問を遮《さえぎ》って回答を始めていませんか？			

著者
犬飼康弘
（公財）ひろしま国際センター研修部　日本語常勤講師

イラストレーション
おうみかずひろ
泉谷綾

本文・表紙
梅津由子

アカデミック・スキルを身《み》につける
聴解《ちょうかい》・発表《はっぴょう》ワークブック

2007年３月28日　初版第１刷発行
2024年２月28日　第 12 刷 発 行

著　者　　犬飼康弘《いぬかいやすひろ》
発行者　　藤嵜政子
発　行　　株式会社　スリーエーネットワーク
〒102-0083　東京都千代田区麹町3丁目4番
トラスティ麹町ビル2F
電話 営業　03(5275)2722
編集　03(5275)2725
https://www.3anet.co.jp/
印　刷　　株式会社シナノ

ISBN978-4-88319-426-1 C0081

アカデミック・スキルを身につける

聴解・発表ワークブック

別冊

表現

スクリプト

スリーエーネットワーク

メモを取る練習

スクリプト 3～4

例

3

それでは、食中毒《しょくちゅうどく》について、発表させていただきます。

食中毒《しょくちゅうどく》とは、有毒《ゆうどく》な細菌《さいきん》や化学物質などを含む飲食物《いんしょくぶつ》を、食べたり飲んだりした結果、起こる病気の総称《そうしょう》です。

食中毒《しょくちゅうどく》の中で最も多いのはサルモネラ菌《きん》や腸炎《ちょうえん》ビブリオ、O157などの細菌《さいきん》が原因のもので、90%以上がこれに当たります。ですから、細菌《さいきん》が増えやすい高温多湿《こうおんたしつ》の時期に食中毒《しょくちゅうどく》にかかる人が増えます。

グラフ1をご覧《らん》ください。

6月から8月に食中毒《しょくちゅうどく》にかかる人が増えていることが分かります。

それでは、食中毒《しょくちゅうどく》を防ぐにはどうすれば良いのでしょうか。

練習

4

それでは、小学生からの英語教育について発表させていただきます。

日本では、2002年度から、「総合的《そうごうてき》な学習の時間」の授業内容として、3年生以上で英語を選択《せんたく》することができるようになりました。

文部科学省《もんぶかがくしょう》によると、小学校での英語教育の目的は、単語や文法などの知識を学ぶのではなく、「聞く」「話す」を中心に、外国の生活･文化などに親《した》しむこととなっています。

英語教育を実施《じっし》する小学校は年々《ねんねん》増加傾向にあり、2005年度では、公立《こうりつ》小学校の93.6%に達しています。

このように、多くの小学校で英語教育が実施《じっし》されていますが、日常的に英語を使う環境ではないことや、日本語もまだ十分ではない段階であることから、小学生に対する英語教育に疑問の声も挙《あ》がっています。

それでは、小学生からの英語教育には、どのようなメリット、デメリットがあるのでしょうか。

第1課

表現

〈開始の宣言《せんげん》〉　○ それでは、始めさせていただきます。

〈テーマを述べる〉　○ 今日は、……について、発表させていただきます。

○ 発表のテーマは、……です。

〈問題提起《もんだいていき》〉　○ それでは、なぜ……のでしょうか。

○ それでは、このように、……のは、なぜでしょうか。

○ どうして、……のでしょうか。

〈方向付《ほうこうづ》け〉　○ そこで、次に、……についてお話したいと思います。

○ そこで、本研究では、……したいと思います。

〈話題の提示《ていじ》〉　○ まず、……

○ 次に、……

○ それから、……

○ 最後に、……

〈まとめ〉　○ 以上、まとめると……

〈今後の課題《かだい》〉　○ 今後の課題《かだい》としては……

○ しかし、……ということもあるので、今後も……

スクリプト 5～11

6

それでは、食中毒《しょくちゅうどく》について、発表させていただきます。

食中毒《しょくちゅうどく》とは、有毒《ゆうどく》な細菌《さいきん》や化学物質などを含む飲食物《いんしょくぶつ》を、食べたり飲んだりした結果、起こる病気の総称《そうしょう》です。

食中毒《しょくちゅうどく》の中で最も多いのはサルモネラ菌《きん》や腸炎《ちょうえん》ビブリオ、O157などの細菌《さいきん》が原因のもので、90%以上がこれに当たります。ですから、細菌《さいきん》が増えやすい高温多湿《こうおんたしつ》の時期に食中毒《しょくちゅうどく》にかかる人が増えます。

7

グラフ1　食中毒発生件数《しょくちゅうどくはっせいけんすう》[1]（東京都《とうきょうと》）

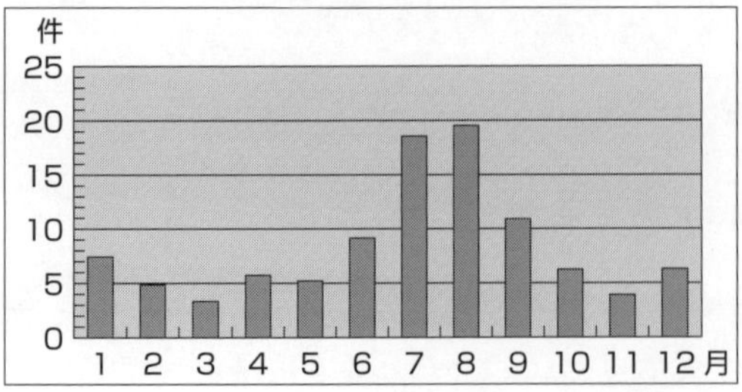

東京都《とうきょうと》食品監視課《しょくひんかんしか》食中毒調査係《しょくちゅうどくちょうさがかり》

グラフ1をご覧《らん》ください。

6月から8月に食中毒《しょくちゅうどく》にかかる人が増えていることが分かります。

それでは、食中毒《しょくちゅうどく》を防ぐにはどうすれば良いのでしょうか。

次にその点についてお話ししたいと思います。

8

まず、食べ物にこれらの細菌《さいきん》を付けないようにすることが大切です。
そのために、食事や料理をする前によく手を洗うことが大切です。そして、肉や魚を切ったら、包丁、まな板《いた》を熱湯《ねっとう》消毒すると効果があります。
また、冷凍してある食品は、室温《しつおん》で解凍《かいとう》せず、冷蔵庫か電子レンジで使う量だけを解凍《かいとう》し、すぐ使うと良いでしょう。

9

次に、細菌《さいきん》を増やさないことが大切です。
時間がたつと、細菌《さいきん》が増えてしまうので、これを防ぐために、残してしまった物は、速く冷えるように、小《こ》分《わ》けして冷蔵庫へ入れると良いでしょう。時間がたち、少しでもあやしいと思ったら、思い切って捨てることも大切です。

10

それから、多くの細菌《さいきん》は熱に弱いので、加熱調理《ちょうり》をし、生物《なまもの》を食べないようにすることも予防に効果があります。残った食べ物を温め直す時は、十分に加熱し、みそ汁《しる》やスープは沸騰《ふっとう》させると良いでしょう。
そのほかにも、買い物をする時に、新鮮《しんせん》な物を購入《こうにゅう》する、肉や魚は、ほかの食品とは別の袋に入れる、冷蔵《れいぞう》や冷凍が必要な食品は、買い物の最後に買うなど、買い物の時から注意する必要があると思います。

11

以上をまとめると、食中毒《しょくちゅうどく》予防のためには、細菌《さいきん》を食品に付けないこと、増やさない

1　平成6年から平成15年までの平均値

こと、殺菌することの3点が重要だと言えます。

しかし、このような方法で、すべての食中毒《しょくちゅうどく》が予防できるわけではありません。細菌《さいきん》には、様々な種類があり、細菌《さいきん》によって、予防方法が違うと思いますし、製造過程や流《りゅう》通経路《つうけいろ》で細菌《さいきん》が付く場合も考えられます。今後も、このような点に注目して、研究を続けていく必要があると思います。

以上で、発表を終わります。ありがとうございました。

○もう１度、メモ1、メモ2を見て、自分がどんな「音」の聞《き》き取《と》りが苦手か、どんな種類の言葉をよく間違えるかを確認しておいてください。
○もちろん、2課以降でも続けてください。

問題の解答

1. ○　2. ×　3. ○　4. ×　5. ×

※丁寧《ていねい》な話し言葉で話そう!!　→回答例

（1）関係があるって言われています。→関係があると言われています。
（2）こちらの方が専門的だよね。→こちらの方が専門的です。
（3）難しくしちゃう。→難しくしてしまいます。
（4）正しい結果じゃない。→正しい結果ではありません。
（5）すごく難しい問題です。→非常に難しい問題です。
（6）ちょっと考えてみたいと思います。→少し考えてみたいと思います。
（7）やっぱり違います。→やはり違います。
（8）いっぱい問題があります。→多くの問題があります。
（9）どっちの事例《じれい》でも同じことが起こっています。
　→どちらの事例《じれい》でも同じことが起こっています。
(10) 例えば、こんな例があります。→例えば、このような例があります。
(11) EUなんかでは→EUなどでは
(12) コンビニとかスーパーとかがあります。→コンビニやスーパーなどがあります。
(13) 憲法改正《けんぽうかいせい》みたいに大きな問題→憲法改正《けんぽうかいせい》のように大きな問題
(14) 以上のようなことが分かりました。でも～。
　→以上のようなことが分かりました。しかし～。
(15) 実験結果から分かったことですけど→実験結果から分かったことですが

(16) あと次のような問題もあります。→ そのほかに次のような問題もあります。

(17) だから様々な調査が必要です。→ ですから様々な調査が必要です。

第2課

表現

〈分類〉 ○ …は、…によって、…、…、…、の○種類に分類できます。

○ …は、…によって、…、…、…、の○種類に分けられます。

○ …は、…によって、○種類に分けられます。

それは、…、…、…、です。

○ …は、…によって、さらに、…、…、…、の…種類に分けられます。

○ …は、大きく分けると、……

○ …は、細かく分けると、……

〈説明〉 ○ ……とは、……のことです。

○ ……とは、……ということです。

○ ……は、……です。

〈問題提起《もんだいていき》〉 ○ それでは、なぜ、……のでしょうか。

○ ここで疑問に思うのは、なぜ……ということです。

〈方向付《ほうこうづ》け〉 ○ そこで、本研究では、……について、明らかにしたいと思います。

○ 以下では、……について、考えていきたいと思います。

スクリプト 12～18

13

今日は、日本語の言葉の種類と文化の関係について、発表します。

日本語の言葉は、その作られ方によって、和語《わご》・漢語《かんご》・外来語《がいらいご》・混種語《こんしゅご》の4種類に分類できます。

14

まず、最もよく使われる言葉である和語《わご》について説明します。

和語《わご》とは「大和《やまと》言葉」とも呼ばれ、元々、日本で生まれた言葉です。「話す」、「読む」、「月」、「花」などの基本的な言葉や、助詞《じょし》の「は」「が」「を」など、文を組み立てるために必要な言葉が和語《わご》に当たります。

15

次に、最も言葉の数が多いと言われる、漢語《かんご》についてお話します。

漢語《かんご》とは、古い時代に中国《ちゅうごく》から漢字と共に伝わってきた言葉です。「一」、「二」、「三」のように日本語の数詞《すうし》として完全に定着《ていちゃく》し、元々、漢語《かんご》であることがほとんど意識されない言葉も少なくありません。

日本語の言葉の約半数《はんすう》を占める漢語《かんご》は、中国《ちゅうごく》で作られたか、日本で作られたかによって、さらに分けられますが、多くは明治《めいじ》以降に外国語の翻訳《ほんやく》のために作られました。日本で作られた和製漢語《わせいかんご》の例としては、「経済」「進化《しんか》」などがあります。

16

漢語《かんご》と同じく、外国文化と共に使われるようになったのが外来語《がいらいご》です。

外来語《がいらいご》とは、主にヨーロッパ、アメリカから入ってきた言葉のことで、普通はカタカナで書かれます。

フランス語からは「アトリエ」「デッサン」や「ズボン」「ソバージュ」などの美術《びじゅつ》、ファッション関係の言葉が、イタリア語から「テンポ」「ソプラノ」などの音楽関係の言葉が外来語《がいらいご》として定着《ていちゃく》しました。現在では、OA機器《きき》やコンピューター関連の言葉を中心に、英語からの言葉が増え続け、外来語《がいらいご》の70%以上を占めていると言われています。

17

最後に、混種語《こんしゅご》というのは、和語《わご》・漢語《かんご》・外来語《がいらいご》のうち、2種類以上を組《く》み合《あ》わせた言葉のことです。「あんパン」は、和語《わご》と外来語《がいらいご》を、「プロ野球」は外来語《がいらいご》と漢語《かんご》を、「表玄関《おもてげんかん》」は和語《わご》と漢語《かんご》を組《く》み合《あ》わせたものです。このほかに、3種類以上の言葉からなる、「えびフライ定食《ていしょく》」なども混種語《こんしゅご》と言えるでしょう。

18

漢語《かんご》や外来語《がいらいご》の例を見ると、言葉と文化は密接《みっせつ》に関係があるようです。

近年《きんねん》では、「カラオケ」や「ラーメン」などの日本語が外国で外来語《がいらいご》として使われるようになっているケースもあります。

それでは、これら日本語の言葉は、どのように海外に伝わったのでしょうか。

そこで、本研究では、日本語のどのような言葉が、いつ、どのように海外に伝わったのかを明らかにしていきたいと思います。

問題の解答

1. ×　2. ×　3. ◯　4. ×　5. ×

第3課

表現

〈定義《ていぎ》〉
○ 本研究では、……に基づき、……を、……と定義《ていぎ》します。

○ ……によると、……は、……と定義《ていぎ》されています。
本研究では、このような考えに従《したが》い、……を、……と定義《ていぎ》します。

○ 本研究では、……を、……とします。
それは、……ためです。

〈データの提示《ていじ》〉
○ 図……をご覧《らん》ください。
図……は、……を表したものです。

〈割合を表す表現〉
○ ……を見ると、……が、○%（○割《わり》/ポイント）を占めていることが分かります。
○ ……別に見ると、……が、○%（○割《わり》/ポイント）となっています。
○ その内、……が、○%（○割《わり》/ポイント）となっています。
○ これに対して、……は、○%（○割《わり》/ポイント）にすぎません。
○ これは、全体の○%（○割《わり》/ポイント）に当たります。

〈全体の予告《よこく》〉
○ まず、……について述べます。
○ 次に、……について指摘《してき》します。
○ そして、……をしたいと思います。
○ 最後に、……について述べたいと思います。

〈行動提示《こうどうていじ》〉
○ それでは、早速、……たいと思います。
○ それでは、まず、……について説明します。

スクリプト 19～26

20

それでは、不登校《ふとうこう》の原因と対策《たいさく》について発表させていただきます。

近年《きんねん》、病気や経済的理由以外で学校を長期間《ちょうきかん》休む、いわゆる不登校《ふとうこう》が問題になっています。この不登校《ふとうこう》は、学校に来られない状態《じょうたい》だけでなく、学校に来ても、保健室《ほけんしつ》など特別な教室に行くだけで自分のクラスまで行けない状態《じょうたい》を指す場合もあります。

21

このように、様々な定義《ていぎ》がありますが、本研究では不登校《ふとうこう》を、文部科学省《もんぶかがくしょう》の定義《ていぎ》に基づき、「心理的、精神的、身体的あるいは社会的要因《よういん》・背景《はいけい》により、登校《とうこう》しない、あるいは、したくともできない状況にあるため、年間30日以上欠席した者のうち、病気や経済的な理由による者を除いた者」と定義《ていぎ》します。

22

まず、不登校《ふとうこう》の直接のきっかけについて見てみましょう。

グラフ1　不登校《ふとうこう》となった直接のきっかけ

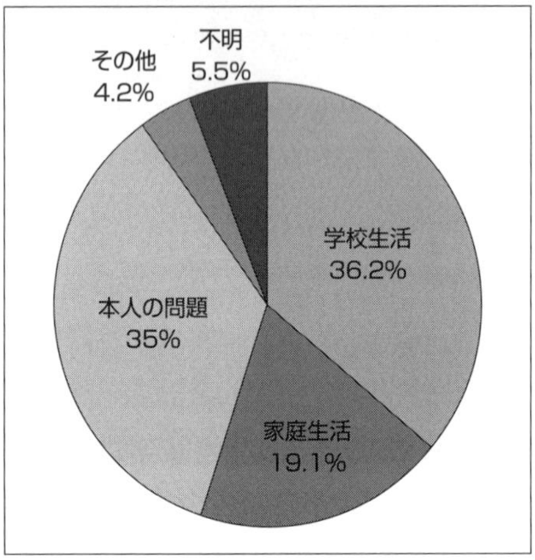

文部科学省《もんぶかがくしょう》『不登校《ふとうこう》の対応《たいおう》について』(2003)より

グラフ1をご覧《らん》ください。

グラフ1は、不登校《ふとうこう》となった直接のきっかけと、その割合を表しています。

グラフ中の「学校生活」とは、学校での友人関係や教師との関係、成績の悩《なや》みなどの問題、「家庭生活」とは、家庭環境の急激《きゅうげき》な変化や、親子《おやこ》関係などの問題、「本人の問題」とは、病気による欠席や、その他《た》、本人にかかわる問題を表しています。

23

これによると、家庭生活が19.1%、その他《た》が4.2%、不明《ふめい》が5.5%となっているのに対して、学校生活が36.2%と最も多く、次《つ》いで、本人の問題が35%と続いており、これら2つで、全体の7割《わり》以上を占めています。

24

しかし、このような悩《なや》みは、だれもが感じていることなのではないでしょうか。

ここで疑問に思うのは、このようなだれもが感じる悩《なや》みが、どのようにして不登校《ふとうこう》へと発展していくのかということです。

25

そこで、本研究では、不登校《ふとうこう》児童・生徒へのインタビューを通じて、子供たちの中で、これらの悩《なや》みがどのように変化していったのかを調査し、不登校《ふとうこう》の対策《たいさく》について考えていきたいと思います。

26

本研究では、まず、先行研究《せんこうけんきゅう》の成果《せいか》と課題《かだい》について述べます。

次に、インタビュー調査の結果について報告し、考察《こうさつ》を加えると共に、現在の学校教育の問題点について指摘《してき》します。

そして、今後の不登校《ふとうこう》の対策《たいさく》について、幾《いく》つかの提案《ていあん》をしたいと思います。

最後に、まとめと今後の課題《かだい》について述べたいと思います。

それでは、早速、先行研究《せんこうけんきゅう》について見ていきたいと思います。

問題の解答

1. ×　　2. ○　　3. ×　　4. ○　　5. ×

第４課

表現

〈経緯《けいい》を述べる〉○ これまで、……と考えられてきました。

今まで、……が行われてきました。

従来《じゅうらい》、……と言われてきました。

○ しかし、調査の結果、……ということが分かりました。

○ そこで、……するようになったのです。

そのため、……することになったのです。

〈変化を述べる〉

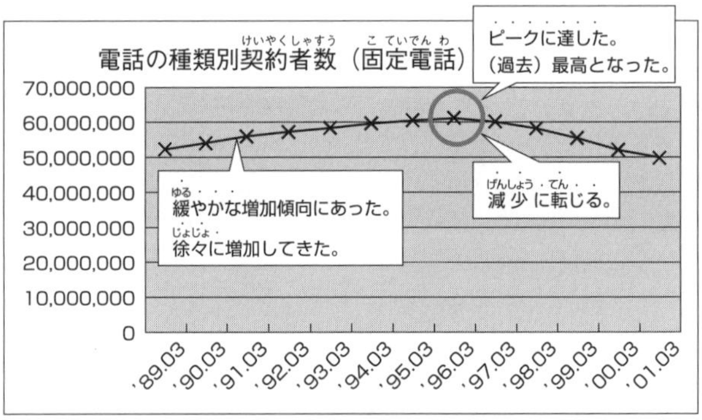

総務省《そうむしょう》「情報通信白書《はくしょ》」（1998～2005）より

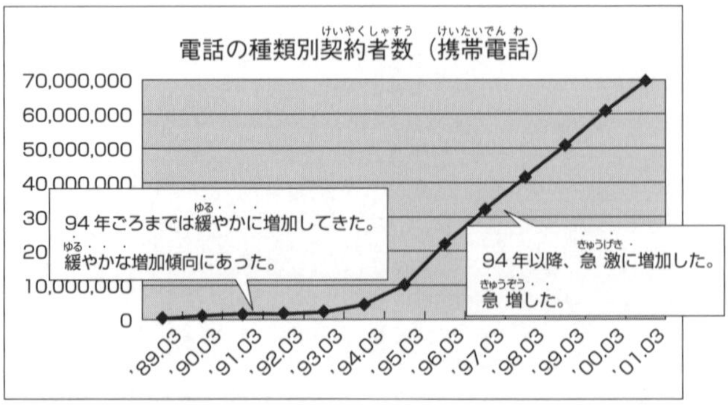

総務省《そうむしょう》「情報通信白書《はくしょ》」（1998～2005）より

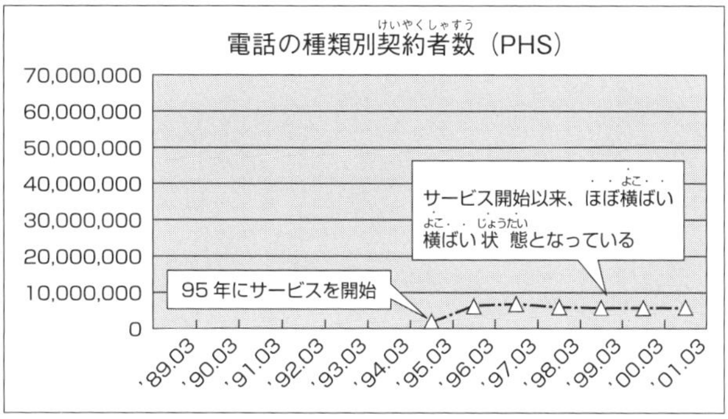

総務省《そうむしょう》「情報通信白書《はくしょ》」(1998〜2005) より

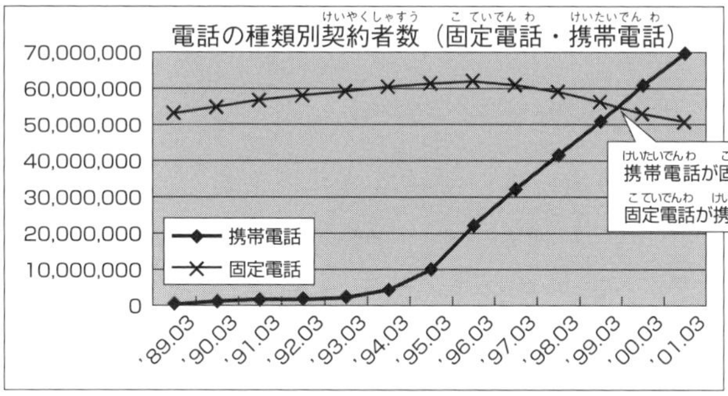

総務省《そうむしょう》「情報通信白書《はくしょ》」(1998〜2005) より

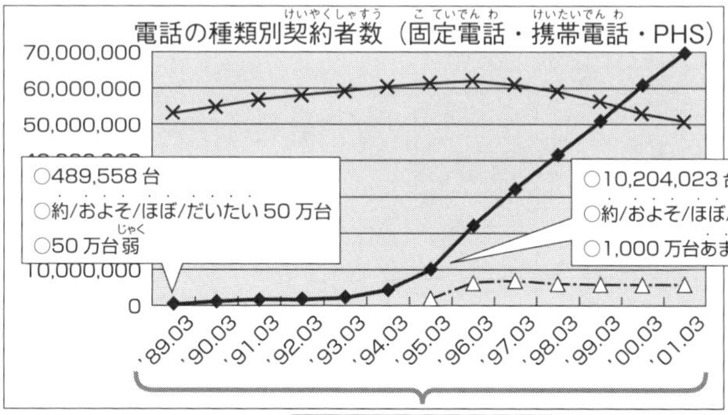

総務省《そうむしょう》「情報通信白書《はくしょ》」(1998〜2005) より

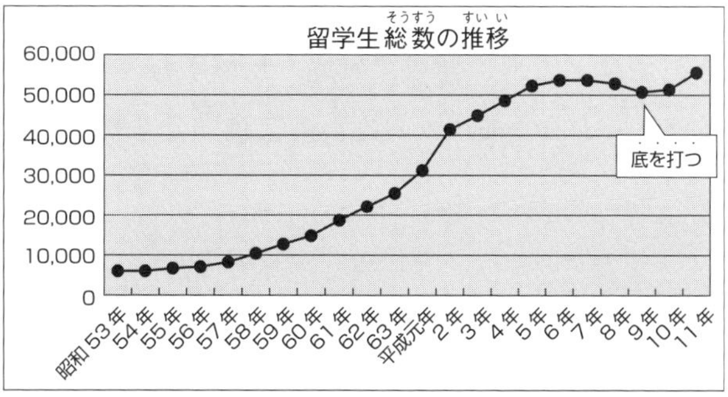

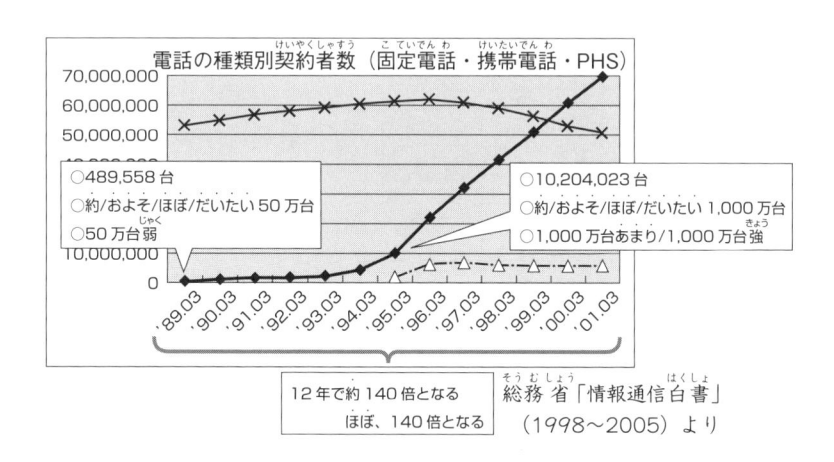

総務省《そうむしょう》「留学生の受入《うけい》れ推進施策《すいしんしさく》に関する政策《せいさく》評価」(2005)より

スクリプト 27～31

28

そこで、まず、どのように「かながわ新運動」がスタートしたのかと、「かながわ新運動」の成果《せいか》について説明します。

高校生の二輪車《にりんしゃ》事故を防ぐため、これまで「3ない運動」[1]、それに続く「4+1ない運動」[2]が展開《てんかい》されてきました。しかし、このような規制型《きせいがた》の運動では、交通安全の心が育たないなどの問題があることが分かりました。そこで、1990年、神奈川県《かながわけん》で、「かながわ新運動」がスタートすることになったのです。

29

グラフ1をご覧《らん》ください。

グラフ1は、神奈川県《かながわけん》の高校生の交通事故死亡者数とバイクの事故による死亡者数の推移《すいい》を表したグラフです。実線《じっせん》が、死亡者数全体を表し、点線《てんせん》がバイクによる死亡者数を表しています。

グラフ1　高校生の交通事故死者数《ししゃすう》の推移《すいい》

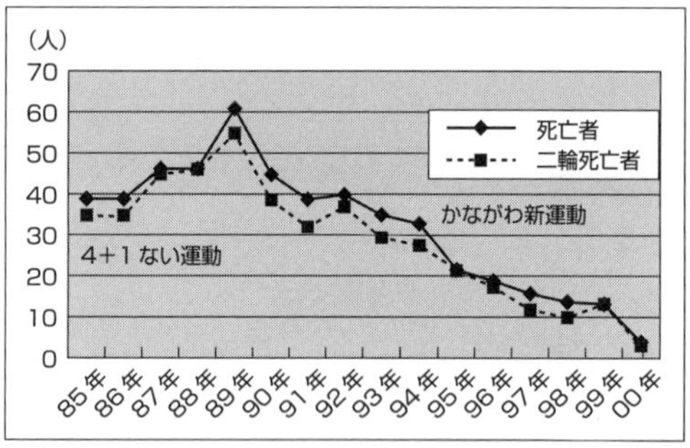

神奈川県《かながわけん》教育委員会HP
「かながわの交通安全教育」より

このグラフを見ると、「かながわ新運動」がスタートした1990年の前年《ぜんねん》の交通事故死亡者数は61人で過去最高となっており、そのうちバイクに乗っている間の死亡者数は55人で、高校生の死亡事故は年々《ねんねん》増加傾向にありました。しかし、実施《じっし》の翌年《よくねん》から減少《げんしょう》傾向に転《てん》じており、2000年のバイクに乗っている間の死亡者数は、わずか3名となっています。

このような結果から、同運動は一定の成果《せいか》を収めていると言えるでしょう。

30

かながわ新運動は、「生命尊重の精神」を基に、高校生自らが「くるま社会」の一員《いちいん》として、自覚《じかく》と責任のある行動を取ると共に、生涯《しょうがい》にわたり自他《じた》の生命の尊重を目指したもので、高校生自身が主体《しゅたい》となり、学校・家庭・地域が相互に協力連携《れんけい》しつつ支援《しえん》していく「高校生の、高校生による、高校生のための交通安全運動」をスローガンにしたものです。

1　1980年代初頭《しょとう》「全国高等学校PTA連合会」の提唱《ていしょう》した「免許《めんきょ》を取らない」「車を持たない」「車を運転しない」(2輪《りん》・4輪《りん》)をスローガンにした、交通安全運動

2「3ない運動」に「車に乗せてもらわない」を加え、さらに、親が「子供の要求に負けない」というスローガンを加えた交通安全運動

したがって、この運動では、バイクに乗るのを禁止するのではなく、正しい乗り方、マナーを、学校、地域、警察が一体になって、指導しています。「かながわ新運動」の一つである、ヤングライダースクールでは、2001年度には、のべ1,299人が参加しました。過去3年で、3,600人あまりがバイクの正しい乗り方、マナーを学んでいることになります。

31

このように、現在、神奈川県《かながわけん》教育委員会における交通安全教育は高校生の二輪車《にりんしゃ》を中心にしていますが、小学校低学年からの意識付《いしきづ》けを図《はか》るなど、小・中・高等学校の一貫《いっかん》した交通安全教育が必要とされています。

それでは、小・中・高等学校の一貫《いっかん》した交通安全教育を、どのようにすれば実現できるのでしょうか。

次に、その点について考えていきたいと思います。

問題の解答

1. ×　2. ×　3. ○　4. ○　5. ○

第5課

表現

〈比較する〉 ○ 一方、……を見ると、

一方、……と比較すると、

一方、……と比べると、……は、……と言えます。

○ 対照的に、……は、……と言えます。

これとは対照的に、……

これに対して、……

○ 以上のことから、……は、……より、……だと考えられます。

○ このように、……は、……と比べ、……と言うことができます。

○ これらの結果から、……の方が……

○ この2つの事実から……と……を比較すると、……

〈下《か》位《い》項目《こうもく》の提示《ていじ》〉 ○ ……について、…点、述べたいと思います。

（まず）1点目は……

（次に）2点目は……

○ ……は、2つ、あります。

1つは……

もう1つは……

〈意見を述べる〉 ○ 以上のようなことから……ということが考えられます。

○ したがって、……と言えるのではないでしょうか。

○ ……の結果から、……ことが推察《すいさつ》されます。

〈行動《こうどう》提示《ていじ》〉 ○ そこで、次に、……に移りたいと思います。

そこで、次に、……について、考えてみたいと思います。

スクリプト 32〜37

33

以上のことから、日本の食料自給率《じきゅうりつ》の低下は、農地《のうち》面積の問題だけではないと考えられます。

それでは、ほかにどのような原因が考えられるのでしょうか。

日本においては戦後《せんご》、食生活《しょくせいかつ》の洋風化《ようふうか》が急速に進み、この急激《きゅうげき》な変化が食料自給《じきゅう》率《りつ》を低下させた大きな要因《よういん》となっていると言われています。

そこで、次に、日本で、どのように食生活《しょくせいかつ》が変化したのかを知るために、1960年と2004年のデータを比較してみようと思います。

34

グラフ1と2をご覧《らん》ください。

グラフ1は、1960年、グラフ2は、2004年の食生活《しょくせいかつ》を表したグラフです。

グラフ1　1960年の食生活《しょくせいかつ》

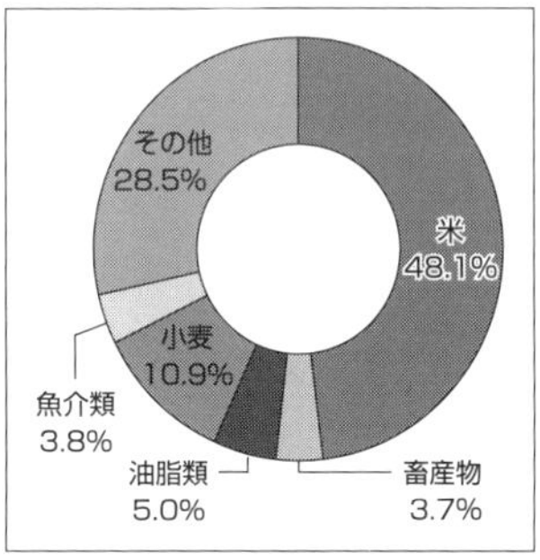

グラフ2　2004年の食生活《しょくせいかつ》

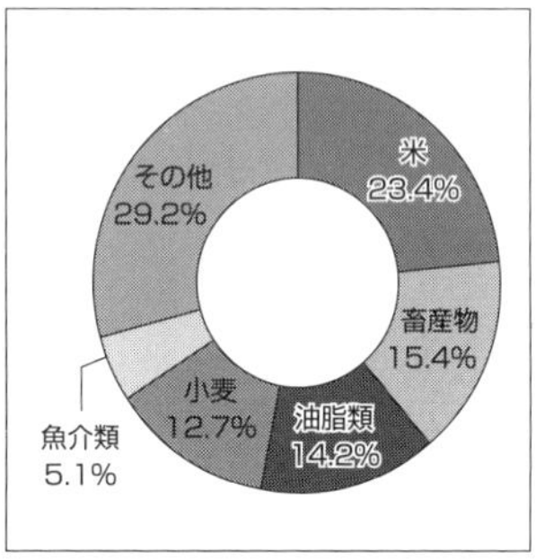

農林水産省《のうりんすいさんしょう》「食料需給表《じゅきゅうひょう》」

1960年には、米が約50%を占めていたのに対して、2004年には、23%にまで減少《げんしょう》しています。一方、肉、乳製品《にゅうせいひん》、卵などの畜産物《ちくさんぶつ》は、3.7%だったのが15.4%と約4倍に、バターや油などの油脂類《ゆしるい》は、5%だったのが14.2%と3倍近くになっています。

このように食生活《しょくせいかつ》が洋風化《ようふうか》した結果、食品の消費量が変わってきたことが分かります。

それでは、消費量が増加した畜産物《ちくさんぶつ》、油脂類《ゆしるい》の自給率《じきゅうりつ》はどうなっているのでしょうか。

35

グラフ3をご覧《らん》ください。

グラフ3は、米、畜産物《ちくさんぶつ》、油脂類《ゆしるい》の自給率《じきゅうりつ》を表したものです。

米の自給率《じきゅうりつ》が95%なのに対して、畜産物《ちくさんぶつ》は16%、油脂類《ゆしるい》は4%にすぎません。

グラフ3　米・畜産物《ちくさんぶつ》・油脂類《ゆしるい》のカロリー自給率《じきゅうりつ》

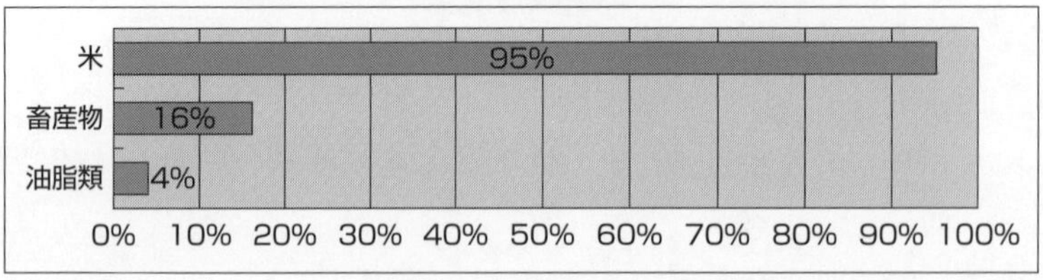

農林水産省《のうりんすいさんしょう》「我《わ》が国の食料自給率《じきゅうりつ》—平成《へいせい》15年度食料自給率《じきゅうりつ》レポート」(2004)

このように、消費量が減った米の自給率《じきゅうりつ》が高い一方、消費量が増加した畜産物《ちくさんぶつ》、油《ゆ》脂類《しるい》の自給率《じきゅうりつ》が低いことが分かります。

36

これには、2つの理由があると考えられます。

1つは、日本の農地《のうち》は狭く、平地《へいち》が少ないため、家畜《かちく》の餌《えさ》や油脂類《ゆしるい》の原料を十分に生産することができず、食生活《しょくせいかつ》の変化に対応《たいおう》できなかったことです。もう1つは、外国からの安い輸入品に対抗《たいこう》できなかったことです。

37

以上のようなことから、農地《のうち》面積の問題だけではなく、食生活《しょくせいかつ》の変化が外国からの輸入増加につながり、自給率《じきゅうりつ》が低下したと考えられます。したがって、食料自給率《じきゅうりつ》の問題は、農業だけの問題ではなく、消費者の食生活《しょくせいかつ》に対する意識の問題でもあると言えます。

そこで、次に、消費者の食生活《しょくせいかつ》に対する意識についての調査に移りたいと思います。

問題の解答

1. ×　　2. ×　　3. ×　　4. ○　　5. ○

第6課

表現

〈因果《いんが》関係《かんけい》を表す〉 ○ ……は、……ためであると考えられます。

○ ……は、……ため、……

○ そのため、……ということが……

〈補足《ほそく》する〉 ○ もちろん、……ということも考えられます。しかし、……

○ ただし、……もあります。したがって……

〈まとめる〉 ○ 以上のようなことから、……

○ 以上をまとめると、……

○ 以上、……について述べてきましたが……

○ 本研究では、……、……を明らかにしました。

〈今後の課題《かだい》を述べる〉 ○ 本研究では……について明らかにしましたが、……という問題が残りました。
今後の課題《かだい》にしたいと思います。

○ 本研究では、……について述べてきましたが、……については触れられませんでした。今後は……について……

〈発表を終わる〉 ○ 以上で発表を終わります。
ご意見、ご質問等ございましたら、お願いします。

スクリプト 38〜44

39

以上をまとめると、子供の生活習慣病は、その段階により2つのグループに分けられます。

第1はすでに成人と同じ糖尿病《とうにょうびょう》などの病気にかかっているグループです。たとえば子供の糖尿病《とうにょうびょう》は現在1万人に1人の割合で発病《はつびょう》しており、さらに増える傾向にあります。

第2は、今は症状《しょうじょう》はないものの、将来生活習慣病になりやすい危険性を持っているグループで、この生活習慣病予備軍の子供の数が最も多く、年を追って増えてきています。

40

このような子供が増えてきた原因は、食生活《しょくせいかつ》の変化や運動不足、受験などによるストレスが増大したためだと考えられます。

そのため、予防策《よぼうさく》の要《かなめ》は、正しい食生活《しょくせいかつ》の習慣付《しゅうかんづ》けと運動と言えます。

食生活《しょくせいかつ》については1日30品目《ひんもく》以上の食品を取り、朝食《ちょうしょく》を抜かずにしっかりと食べる、砂糖《さとう》や塩分《えんぶん》、動物性脂肪《どうぶつせいしぼう》を控《ひか》えて偏食《へんしょく》をしないことが大切です。

また、運動については、適度な運動を継続《けいぞく》して行うことが大切です。続けなければ意味がないので、水泳など自信を持って楽しくできる運動を選ぶ必要があります。

それに加えて両親や祖父母《そふぼ》などの病歴《びょうれき》を調べ、子供のかかりやすい病気を割《わ》り出《だ》して重点的にそれを予防する生活習慣に切《き》り替《か》えることも大切です。

幼いうちから親が食事などの日常生活にちょっと気を付ければ、生活習慣病は予防できます。その意味で日常生活での親の役割は重要です。

41

もちろん、家庭生活だけでなく、お菓子メーカーやファーストフード店など社会的にも、食育《しょくいく》が実施《じっし》されるようになってきました。

しかし、その知識を本当に役に立てるためには、実際に親が模範《もはん》を示しながら、日常生活で実践《じっせん》させることが条件になるのではないでしょうか。

42

以上、本研究では、まず、子供の生活習慣病の傾向について明らかにし、次に、その原因について考察《こうさつ》してきました。

その結果、生活習慣病の予防には、家庭の役割も重要であることを明らかにし、最後に食生活《しょくせいかつ》、運動、家族の病歴《びょうれき》の把握《はあく》を中心に、家庭でできる予防について、幾《いく》つかの提案《ていあん》をしました。

このほかに、生活習慣を自分で考えるきっかけとして、子供を家事に参加させることも、生活習慣病の予防につながるのではないかと考えられます。

43

しかし、今回の研究では、子供の家事への参加傾向については、触れられませんでした。今後は、子供の家事への参加が、健康に影響《えいきょう》していると仮定し、子供が家事に参加している場合と、していない場合を比較して、検討《けんとう》していこうと思います。

44

以上で発表を終わります。

ご意見、ご質問等ございましたら、よろしくお願いいたします。

問題の解答

1. ×　　2. ×　　3. ○　　4. ×　　5. ○

課題《かだい》Ⅰ

表現

〈話を始める〉

● 開始する

それでは、｜始めます。
｜始めさせていただきます。
｜始めたいと思います。
｜始めさせていただきたいと思います。

● 発表資料（レジュメ・提示《ていじ》資料）の説明

テーマ：発表の題目《だいもく》は……です。
発表のテーマは……です。

枚数　：資料は全部で○枚です。A4サイズが○枚（とA3サイズが○枚）です。
資料はお手元《てもと》にございますでしょうか。ご確認ください。

訂正《ていせい》　：資料に訂正《ていせい》が○個所《かしょ》ありますので、訂正《ていせい》をお願いします。
変更：○ページ○行目の「□□」を「■■」としてください。
削除《さくじょ》：○ページ○行目の「□□」を削除《さくじょ》してください。
追加：○ページ○行目の「……」の前（後ろ）に「■■」を追加してください。

● 発表に移る

それでは、発表に｜移ります。
｜移らせていただきます。

〈話を終わる〉

● 発表の終わり

発表は以上です。
これで（以上で）発表を終わります。
（どうもありがとうございました。）

● 質問を促《うなが》す

ご意見、ご質問等がございましたらお願いします。
ご指摘《してき》よろしくお願いします。

（ほかに）ご質問はございますでしょうか。

〈司会の仕方〉

● 開始の言葉

ただいまから ただいまより これから	（発表会を）	始めたいと思います。 始めさせていただきます。 行います。

● 発表者の紹介

〔複数の発表者がいる時〕

まず始めに、 始めは、	【所属《しょぞく》】 の 【名前】さん	に発表していただきます。 です。

（発表）題目《だいもく》は……です。

それでは、【名前】さん、	よろしくお願します。 どうぞ。

（【名前】さん ありがとうございました。）

次に、 続きまして、 次は、 続いては、	【所属《しょぞく》】の【名前】さん	に発表していただきます。 です。

〔発表者が1人の時〕

（今日の）発表者は 今日は	【所属《しょぞく》】の【名前】さん	です。 に発表していただきます。

それでは、【名前】さん、	よろしくお願します。 どうぞ。

● 質問を受《う》け付《つ》ける

それでは、質疑応答《しつぎおうとう》に移りたいと思います。

質問のある方は 質問がございましたら	手をお挙《あ》げください。 挙手《きょしゅ》をお願いします。

（質問の際には、ご所属《しょぞく》とお名前もお願いいたします/お願いします。）

● 終わりの言葉

以上をもちまして		終了させていただきます。
これをもちまして	（発表（会）を）	終わらせていただきます。
これで、		終わりたいと思います。

（ありがとうございました。）

参考資料

レジュメの例①

〇〇年〇〇月〇〇日

ミネラルウォーターと緑茶飲料《りょくちゃいんりょう》の比較研究

〇〇〇大学〇〇学部

□□　□□

Ⅰ　はじめに

1-1　飲料《いんりょう》に対する意識

グラフ１　飲料《いんりょう》の表示《ひょうじ》に対する意識（最も意識している表示《ひょうじ》）

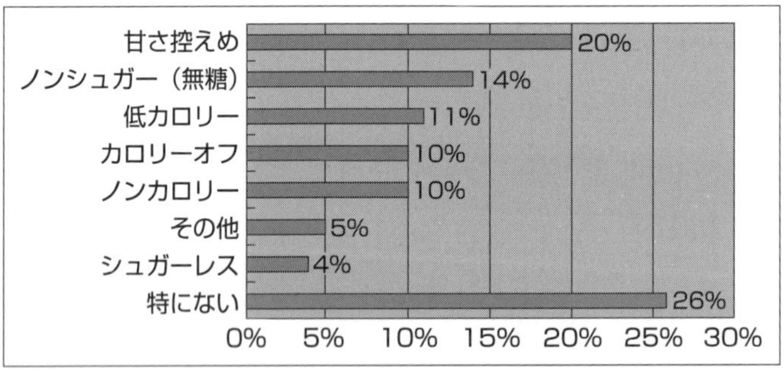

マイボイスコム株式会社《かぶしきがいしゃ》2000年調査より

・表示《ひょうじ》に対する意識：「甘さ控《ひか》えめ」「ノンシュガー」「低カロリー」など
⇒糖分《とうぶん》・カロリーを意識

・飲料《いんりょう》の選択《せんたく》：糖分《とうぶん》・カロリーを重視《じゅうし》

1-2　よく飲まれる飲料《いんりょう》

グラフ２　よく飲むペットボトル・缶・紙容器などの飲料《いんりょう》

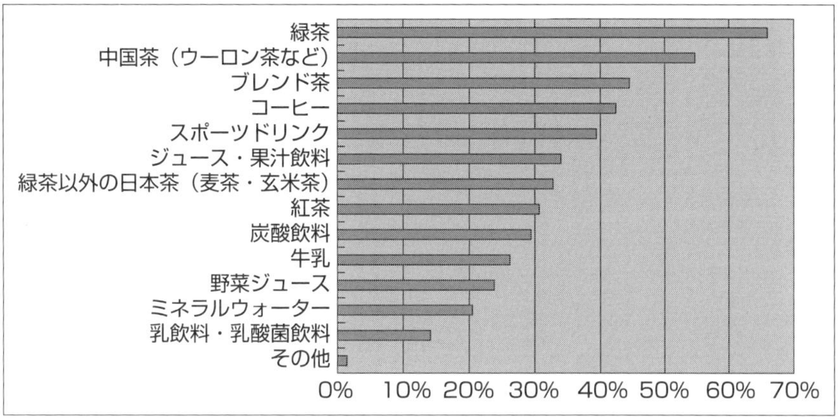

マイボイスコム株式会社《かぶしきがいしゃ》2002年調査より

・茶系飲料《ちゃけいいんりょう》が人気

※ ミネラルウォーター＝無糖《むとう》

⇒なぜ茶系飲料《ちゃけいいんりょう》が選ばれるのか？

※ 最も人気のある緑茶飲料《りょくちゃいんりょう》とミネラルウォーターを比較

Ⅱ　ミネラルウォーターの飲用《いんよう》傾向

2-1　普段よく飲む水

グラフ３　普段よく飲む水

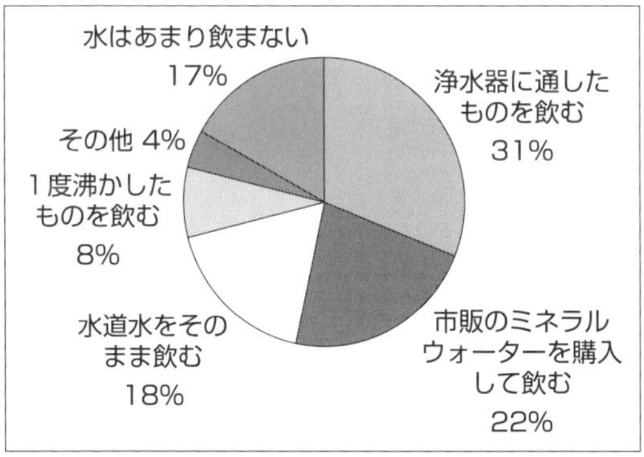

マイボイスコム株式会社《かぶしきがいしゃ》2002年調査より

「そのまま」18%

「浄水器《じょうすいき》」「1度沸かす」：39%

※ 水道水を選択《せんたく》：約6割《わり》

ミネラルウォーター：22%

↓

手間をかけても、水道水を選択《せんたく》

⇒ 水を買うことへの抵抗感《ていこうかん》

2-2　ミネラルウォーターが飲まれる場面

グラフ4　ミネラルウォーターを飲む場面

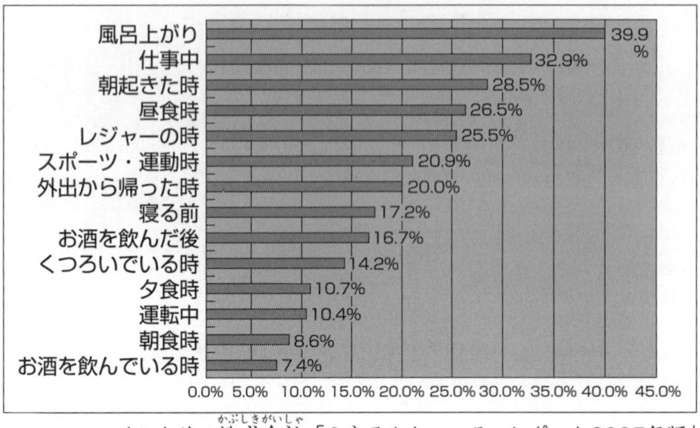

サントリー株式会社《かぶしきがいしゃ》「ミネラルウォーターレポート2005年版」

※ 水を買うことへの抵抗感《ていこうかん》

限定的《げんていてき》な飲用《いんよう》場面

風呂《ふろ》上《あ》がり

仕事中

朝起きた時　など

↓

水分補給《ほきゅう》が

必要な時

Ⅲ　緑茶飲料《りょくちゃいんりょう》の飲用《いんよう》傾向

3-1　緑茶飲料《りょくちゃいんりょう》が飲まれる場面

グラフ5　緑茶飲料《りょくちゃいんりょう》を飲む場面

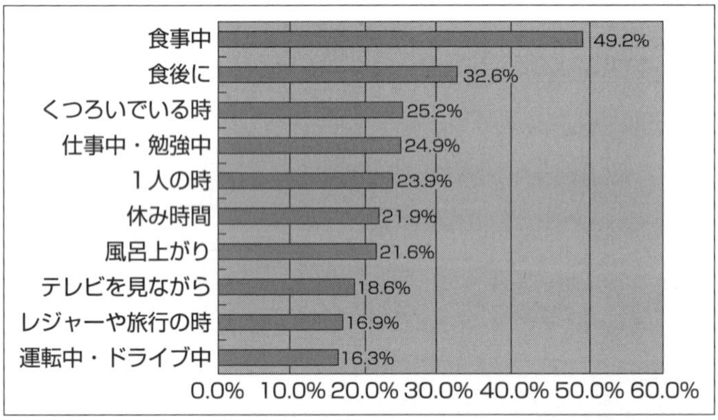

㈱日本能率《にほんのうりつ》協会《きょうかい》総合《そうごう》研究所《けんきゅうじょ》MDB

「2005年度飲料《いんりょう》消費《しょうひ》実態《じったい》調査《ちょうさ》〈清涼飲料編《せいりょういんりょうへん》〉」より

食事の時：49.2%

食後《しょくご》：32.6%

↓

食事の時に飲まれる

くつろいでいる時

1人の時

休み時間　　など

↓

リラックスしている時

※ ミネラルウォーター → 水分の補給《ほきゅう》が必要な時

※ 緑茶飲料《りょくちゃいんりょう》 → 食事の時、リラックスしている時

↓

なぜ、食事の時やリラックスしている時に、よく飲まれるのか

3-2　茶の成分と効能《こうのう》

表1　茶の成分と主な効能《こうのう》

茶の成分	主な効能《こうのう》
カテキン類	がんの予防・食中毒《しょくちゅうどく》の予防
ビタミンC	ストレス解消《かいしょう》・風邪《かぜ》の予防
フラボノイド	口臭《こうしゅう》予防
フッ素《そ》	虫歯予防
ビタミンE	老化《ろうか》防止

全国茶《ちゃ》商《しょう》工《こう》業《ぎょう》協《きょう》同《どう》組《くみ》合《あい》連《れん》合《ごう》会《かい》
「お料理アラカルト」（1991）より

カテキン類：がんの予防
食中毒《しょくちゅうどく》予防

ビタミンC：ストレス解消《かいしょう》

↓

緑茶飲料《りょくちゃいんりょう》 → 食事の時・リラックスしている時によく飲まれる

Ⅳ　まとめと今後の課題《かだい》

4-1　まとめ

（1）飲まれる場面

・ミネラルウォーター：水分補給《ほきゅう》が必要な時
・緑茶飲料《りょくちゃいんりょう》：食事の時やリラックスしている時

（2）生活習慣

・ミネラルウォーター：水を買うことへの抵抗感《ていこうかん》
・緑茶飲料《りょくちゃいんりょう》：古くからの茶を飲む習慣

→ 緑茶飲料《りょくちゃいんりょう》がより多く選ばれる

4-2　今後の課題《かだい》

茶系飲料《ちゃけいいんりょう》の中で、なぜ緑茶飲料《りょくちゃいんりょう》が最も好まれるのか

→ 調査していきたい

レジュメの例②

○○年○○月○○日

人々《ひとびと》によく飲まれる飲料《いんりょう》とその理由に関する研究

○○○大学○○学部

□□　□□

Ⅰ　はじめに

○茶系飲料《ちゃけいいんりょう》：人々《ひとびと》に好まれ、生産量向上《こうじょう》

⇒茶系飲料《ちゃけいいんりょう》：「ウーロン茶」「玄米茶《げんまいちゃ》」「抹茶《まっちゃ》」「麦茶《むぎちゃ》」「緑茶《りょくちゃ》」など

本研究の定義《ていぎ》：茶葉《ちゃば》を使った無糖飲料《むとういんりょう》

グラフ1　よく飲むペットボトル・缶・紙容器などの飲料《いんりょう》

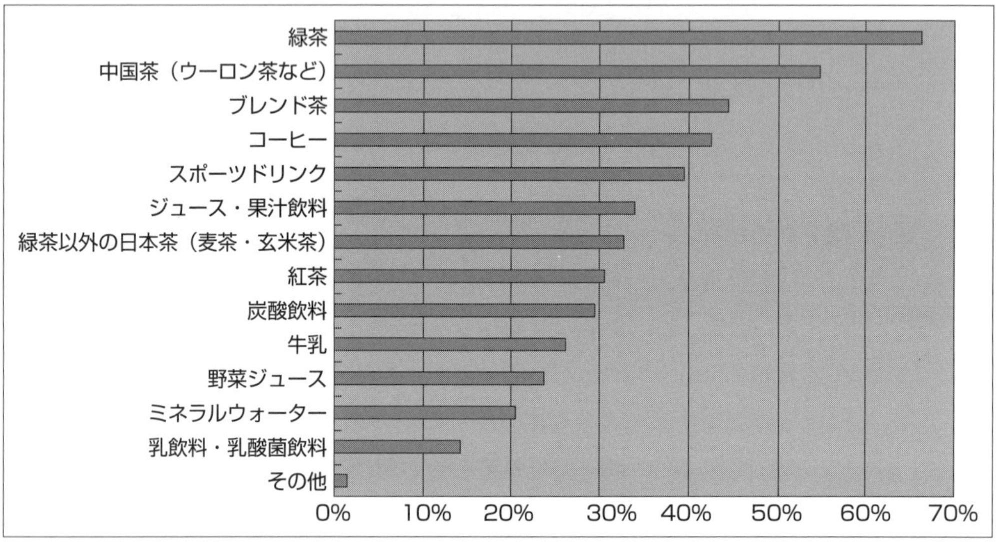

マイボイスコム株式会社《かぶしきがいしゃ》2002年調査より

よく飲む飲料《いんりょう》：上位《じょうい》3位⇒「緑茶《りょくちゃ》」「中国茶《ちゅうごくちゃ》」「ブレンド茶」

⇒茶系飲料《ちゃけいいんりょう》

◎なぜ、茶系飲料《ちゃけいいんりょう》が好まれるのか？

Ⅱ　飲料購入時《いんりょうこうにゅうじ》に意識していること

グラフ３　清涼飲料選択時《せいりょういんりょうせんたくじ》の「低カロリー」意識

グラフ２　飲料《いんりょう》の表示《ひょうじ》に対する意識（最も意識している表示《ひょうじ》）

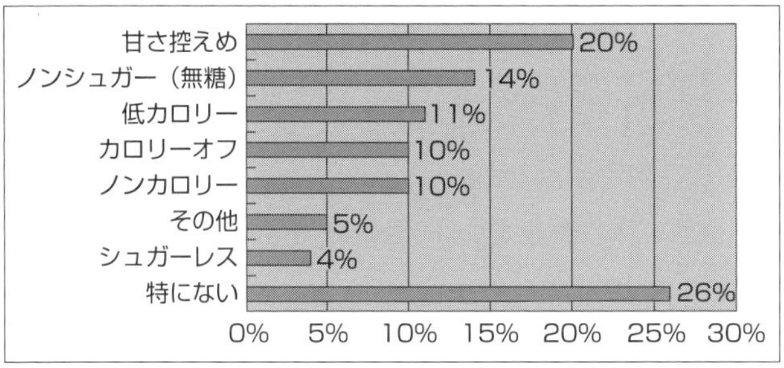

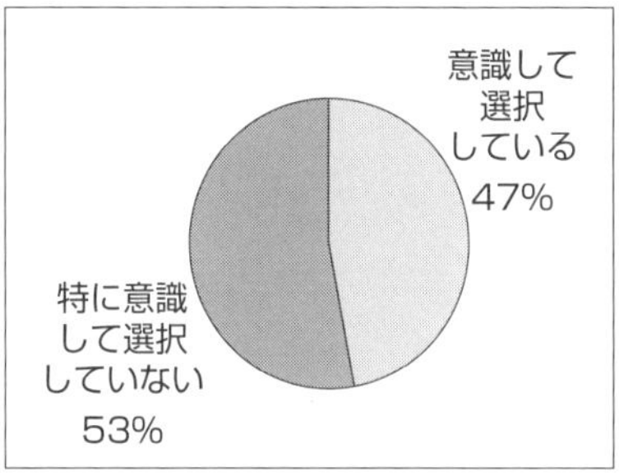

マイボイスコム株式会社《かぶしきがいしゃ》2000年調査より　マイボイスコム株式会社《かぶしきがいしゃ》2000年調査より

・表示《ひょうじ》に対する意識：「甘さ控《ひか》えめ」「ノンシュガー」「低カロリー」など

⇒糖分《とうぶん》・カロリーを意識

・低カロリーを意識：約半数《はんすう》

◎飲料《いんりょう》の選択《せんたく》：糖分《とうぶん》・カロリーを重視《じゅうし》

⇒飲料《いんりょう》には、どの程度の糖分《とうぶん》が含まれているのか？

Ⅲ　飲料《いんりょう》に含まれる糖分《とうぶん》

グラフ４　食品別糖分含有量《とうぶんがんゆうりょう》

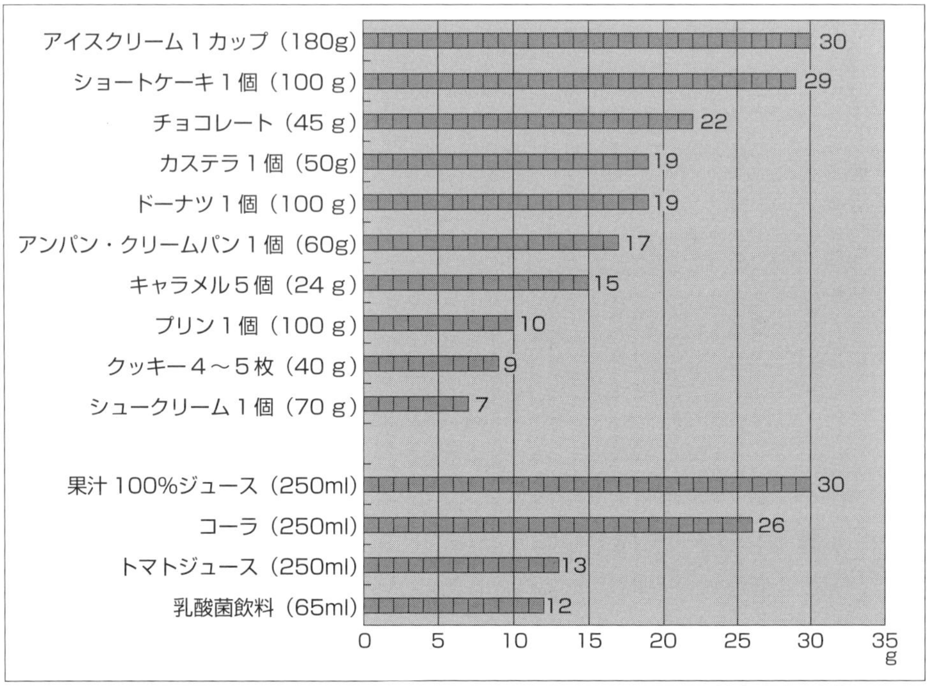

伊丹市歯科医師会《いたみししかいしかい》HPより

○ 飲料《いんりょう》に含まれる糖分《とうぶん》

果汁《かじゅう》100%ジュース → アイスクリーム1カップ

コーラ → ショートケーキ1個

トマトジュース → キャラメル5個

茶系飲料《ちゃけいいんりょう》 → 無糖《むとう》

↓

糖分《とうぶん》が含まれていないことが重要

⇒ミネラルウォーターは？

Ⅳ　茶の成分と効能《こうのう》

表1　茶の成分と主な効能《こうのう》

茶の成分	主な効能《こうのう》
カテキン類	がんの予防・食中毒《しょくちゅうどく》の予防
ビタミンC	ストレス解消《かいしょう》・風邪《かぜ》の予防
フラボノイド	口臭《こうしゅう》予防
フッ素《そ》	虫歯予防
ビタミンE	老化《ろうか》防止

全国茶商工業協同組合連合会《ちゃしょうこうぎょうきょうどうくみあいれんごうかい》
「お料理アラカルト」（1991）より

茶の効能《こうのう》…がん予防・風邪《かぜ》の予防・虫歯の予防・食中毒《しょくちゅうどく》の予防など

↓

より健康に良い

Ⅴ　まとめと今後の課題《かだい》

○ 茶系飲料《ちゃけいいんりょう》が多く飲まれる理由

・糖分《とうぶん》に対する意識が高《たか》まった

・より健康にいい成分が求められた

↓

茶系飲料《ちゃけいいんりょう》が好まれる

○ 今後の課題《かだい》

飲料《いんりょう》の選択《せんたく》：味も重要

⇒ 茶系飲料《ちゃけいいんりょう》の味の評価

茶系飲料《ちゃけいいんりょう》を選択《せんたく》する場面

スクリプト（レジュメの例①の場合）45～55

46

それでは、ミネラルウォーターと緑茶飲料《りょくちゃいんりょう》の比較研究について発表させていただきます。

資料は、A4、4枚です。
資料はお手元《てもと》にございますでしょうか。

それでは、発表に移りたいと思います。

47

近年《きんねん》、人々の健康意識の高《たか》まりと共に、低糖《ていとう》、低カロリーの飲料《いんりょう》が好まれるようになってきていると言われています。

グラフ1をご覧《らん》ください。
グラフ1は、飲料《いんりょう》の表示《ひょうじ》に対する意識を表しています。

グラフ１　飲料《いんりょう》の表示《ひょうじ》に対する意識

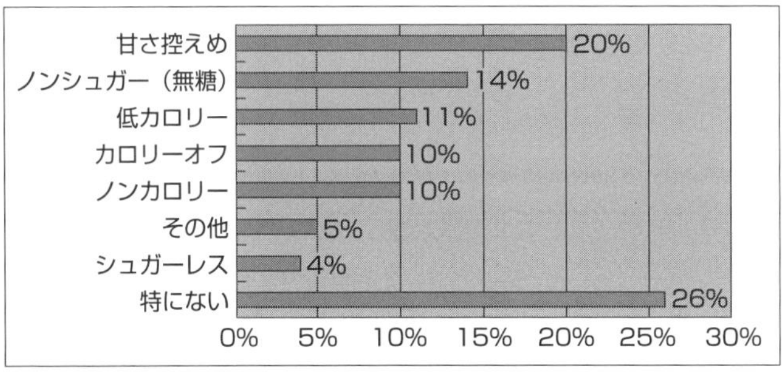

マイボイスコム株式会社《かぶしきがいしゃ》2000年調査より

グラフ1から、「甘さ控《ひか》えめ」「ノンシュガー」「低カロリー」など、糖分《とうぶん》、カロリーを意識した表示《ひょうじ》が上位《じょうい》となっていることが分かります。

このようなことから、実際によく飲まれている飲料《いんりょう》も、低《てい》糖《とう》、低カロリーのものが多いと考えられます。

次に、グラフ2をご覧《らん》ください。
グラフ2は、よく飲む飲料《いんりょう》を表したものです。

グラフ2　よく飲む飲料《いんりょう》

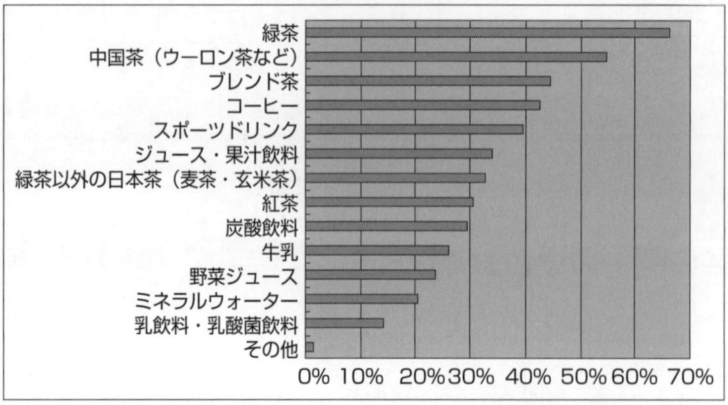

マイボイスコム株式会社《かぶしきがいしゃ》2002年調査より

グラフ2から、最もよく飲まれる飲料《いんりょう》が、緑茶《りょくちゃ》、中国茶《ちゅうごくちゃ》、ブレンド茶など、茶系《ちゃけい》飲料《いんりょう》であることが分かります。

しかし、茶系飲料《ちゃけいいんりょう》と同様に無糖《むとう》である、ミネラルウォーターは、あまり飲まれていないようです。

48

それでは、同じ無糖《むとう》でありながら、なぜ、ミネラルウォーターより、茶系飲料《ちゃけいいんりょう》が選ばれているのでしょうか。

そこで、本研究では、ミネラルウォーターと茶系飲料《ちゃけいいんりょう》の中でも、特に人気のある緑《りょく》茶飲料《ちゃいんりょう》を比較し、緑茶飲料《りょくちゃいんりょう》がより多く選ばれている理由について考えていきたいと思います。

本研究では、まず、普段ミネラルウォーターがどの程度飲まれているか、ミネラルウォーターがどのような場面で飲まれているかについて述べます。

次に、緑茶飲料《りょくちゃいんりょう》を飲む場面と、茶の効能《こうのう》について述べ、両者《りょうしゃ》を比較検討《けんとう》していきたいと思います。

49

それでは、早速、普段どの程度ミネラルウォーターが飲まれているかについて見ていきたいと思います。

グラフ3をご覧《らん》ください。

グラフ3は、普段よく飲む水を表したものです。

グラフ3　普段よく飲む水

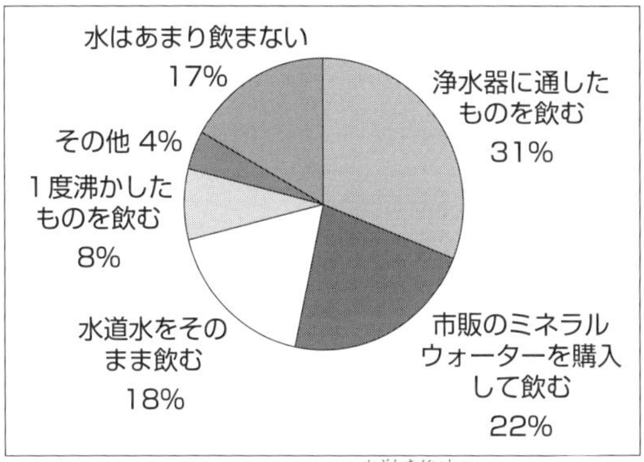

マイボイスコム株式会社《かぶしきがいしゃ》2002調査より

グラフ3を見ると、「浄水器《じょうすいき》に通したもの」が最も多く、31%となっています。次《つ》いで、「ミネラルウォーター」の22%、「そのまま」の18%、「1度沸かしたもの」の8%と続いています。

このことから、約6割《わり》が浄水器《じょうすいき》を通したり、1度沸かしたりと少し手間をかけても、水道水を選択《せんたく》していることが分かります。

これは、水を買うことへの抵抗感《ていこうかん》がまだ強いことを示していると考えられます。

それでは、ミネラルウォーターは、どのような時に飲まれているのでしょうか。

50

次に、ミネラルウォーターを飲む場面について見ていきたいと思います。

グラフ4をご覧《らん》ください。
グラフ4は、ミネラルウォーターを飲む場面について調べたものです。

グラフ4　ミネラルウォーターを飲む場面

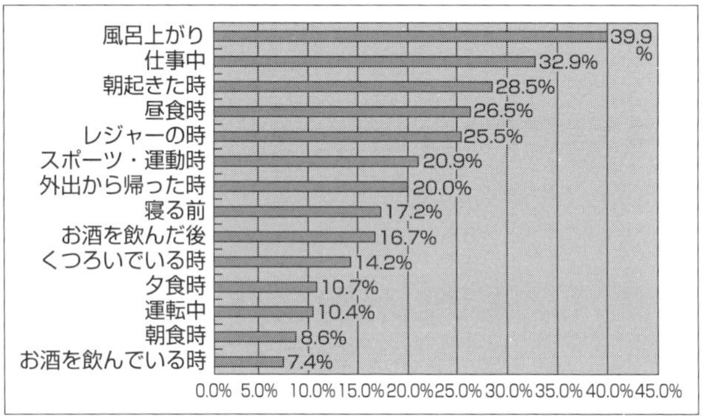

サントリー株式会社《かぶしきがいしゃ》「ミネラルウォーターレポート2005年版」より

グラフ4を見ると、「風呂上《ふろあ》がり」が最も多く、39.9%となっています。次《つ》いで、「仕事中」の32.9%、「朝起きた時」の28.5%と続いています。

このことから、ミネラルウォーターを飲む場面は、水分の補給《ほきゅう》が必要な場面が中心であると考えられます。

以上のことから、ミネラルウォーターは、無糖《むとう》であっても、水を買うことへの抵抗感《ていこうかん》、そして、水分補給《ほきゅう》が主な飲む目的となっていることから、飲む人、場面共に限られていると考えられます。

それでは、このようなミネラルウォーターに対して、緑茶飲料《りょくちゃいんりょう》はどのような場面で飲まれているのでしょうか。

51

次に、緑茶飲料《りょくちゃいんりょう》を飲む場面について見ていきたいと思います。

グラフ5をご覧《らん》ください。
グラフ5は、緑茶飲料《りょくちゃいんりょう》を飲む場面を表したものです。

グラフ5　緑茶飲料《りょくちゃいんりょう》を飲む場面

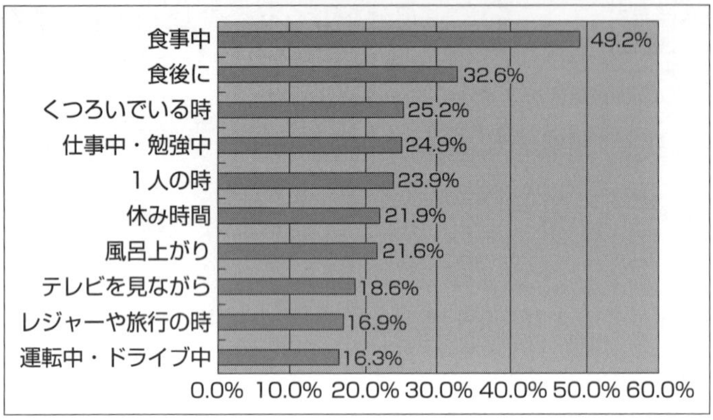

㈱日本能率協会総合研究所《にほんのうりつきょうかいそうごうけんきゅうじょ》MDB
「2005年度飲料消費実態調査《いんりょうしょうひじったいちょうさ》〈清涼飲料編《せいりょういんりょうへん》〉」より

グラフ5を見ると、緑茶《りょくちゃ》飲料《いんりょう》を飲む場面で最も多いのが、「食事中」の49.2%で、次《つ》いで、「食後《しょくご》」の32.6%となっており、食事の時に飲まれる割合が高くなっています。

また、「くつろいでいる時」や、「1人の時」、「休み時間」、「テレビを見ながら」など、水分補給《ほきゅう》のためだけでなく、リラックスしている時に飲まれる傾向があるようです。

これらの結果から、ミネラルウォーターが、水分の補給《ほきゅう》が必要な時によく飲まれているのに対して、緑茶飲料《りょくちゃいんりょう》は、食事の時やリラックスしている時によく飲まれており、飲まれる場面が大きく異なることが分かります。

それでは、なぜ、緑茶飲料《りょくちゃいんりょう》は、食事の時やリラックスしている時に、よく飲まれるのでしょうか。

52

表1　茶の成分と主な効能《こうのう》

茶の成分	主な効能《こうのう》
カテキン類	がんの予防・食中毒《しょくちゅうどく》の予防
ビタミンC	ストレス解消《かいしょう》・風邪《かぜ》の予防
フラボノイド	口臭《こうしゅう》予防
フッ素《そ》	虫歯予防
ビタミンE	老化《ろうか》防止

全国茶商工業協同組合連合会《ちゃしょうこうぎょうきょうどうくみあいれんごうかい》「お料理アラカルト」（1991）より

表1をご覧《らん》ください。
表1は、茶の成分と主な効能《こうのう》を表したものです。

お茶には、様々な成分がありますが、この表から、茶の成分の1つであるカテキン類には、がんの予防や食中毒《しょくちゅうどく》予防の効果が、ビタミンCには、ストレス解消《かいしょう》効果があることが分かります。

このような効能《こうのう》があるため、緑茶飲料《りょくちゃいんりょう》は、食事の時やリラックスしている時によく飲まれていると考えられます。また、このような効能《こうのう》に加え、古くからお茶を飲む習慣があるために、緑茶飲料《りょくちゃいんりょう》は、生活の中のより多くの場面で飲まれているのではないでしょうか。

53

以上のことから、緑茶飲料《りょくちゃいんりょう》がより多く選ばれる理由として、飲まれる場面と生活習慣の２つが挙《あ》げられます。

まず、飲まれる場面では、ミネラルウォーターが、水分補給《ほきゅう》が必要な時によく飲まれているのに対して、緑茶飲料《りょくちゃいんりょう》は、食事の時やリラックスしている時によく飲まれています。そのため、緑茶飲料《りょくちゃいんりょう》は、ミネラルウォーターより飲まれる機会が多くなっていると考えられます。また、お茶に、がんや食中毒《しょくちゅうどく》の予防やストレス解消《かいしょう》といった効《こう》能《のう》があるため、緑茶飲料《りょくちゃいんりょう》は、食事の時やリラックスしている時に適した飲み物であると言えます。

次に、生活習慣では、お茶が古くから飲まれているのに対し、ミネラルウォーターを買うことには、まだ抵抗《ていこう》があることが分かりました。そのため、生活習慣の上でも、緑《りょく》茶飲料《ちゃいんりょう》がより多く選ばれる結果になったと考えられます。

54

以上、本研究では、ミネラルウォーターよりも緑茶飲料《りょくちゃいんりょう》が多く選ばれる理由について調べてきました。

その結果、飲用《いんよう》する場面やこれまでの生活習慣の違いによって、緑茶飲料《りょくちゃいんりょう》がより多く選ばれていることが明らかとなりました。

しかし、本研究では、緑茶飲料《りょくちゃいんりょう》以外の茶系飲料《ちゃけいいんりょう》については、触れることができませんでした。今後は、茶系飲料《ちゃけいいんりょう》の中で、なぜ緑茶飲料《りょくちゃいんりょう》が最も好まれるかについて、さらに調査していきたいと思います。

55

以上で発表を終わります。

ご意見、ご質問等ございましたら、よろしくお願いいたします。

第７課

表現

〈前置《まえお》き〉

〔発表のお礼を言う場合〕

大変興《きょう》味深《みぶか》い発表をありがとうございました。

大変有意義《ゆういぎ》な発表をありがとうございました。

私も……なので、非常に興《きょう》味深《みぶか》く聞かせていただきました。

発表のお礼は言わないこともあります。

〔発表の一部を引用する場合〕

先程、……と、おっしゃっていましたが…

〔質問が1つの場合〕

(1つお聞きしたいのですが、)	(レジュメの○ページ／…の）…なんですが…
(1点）よろしいでしょうか)	(発表の中にあった）…についてですが…

〔複数の質問をする場合〕

お聞きしたいことが　○つあるんですが……	1つ目は……、2つ目は……
質問が　○点あるんですが……	1点目は……、2点目は……

以上、○点、お願いいたします。

〔説明を聞き逃《のが》してしまったと思った場合〕

すみません、私が聞き逃《のが》してしまったのかもしれませんが

……について…

○発表の説明が分かりにくかった場合でも、「説明が悪かったので…」「説明が分かりにくかったので…」という言い方は、あまりしません。
質問する時は、「自分の聞き方が悪かった」「聞いていなかったかもしれない」という気持ちで、質問をするようにしましょう。

〈質問する〉

よく分かりませんでしたので、もう1度教えていただけませんでしょうか。

なぜ、……なのでしょうか。
具体的な例を挙《あ》げて説明していただけませんでしょうか。

……ということもあると思うのですが、どのようにお考えでしょうか。

……の場合はどうなるのでしょうか、教えていただけませんでしょうか。

○発表者の意見などに反論《はんろん》したい場合も、「違うと思います」というような、自分の意見を言う形ではなく、「○○と思うのですが、どうお考えでしょうか」などのように、質問の形にしましょう。

〈お願いをする〉

（よろしく）お願いします。

○「お願い」の表現は、回答をお願いするだけでなく、「質問はこれで終わりです」ということを発表者に伝える役割も持っています。

〈（回答の後で）続けて質問をする／さらに詳《くわ》しく聞く〉

すみません、もう1つお聞きしたいのですが……
すみません、もう1点よろしいでしょうか……
すみません、もう少しお聞きしたいのですが……

スクリプト 56～65

57

それでは、発表を始めさせていただきます。
発表の題目《だいもく》は「少子化《しょうしか》の原因―育児と仕事の両立《りょうりつ》という観点《かんてん》から―」です。
資料は、全部でA4、5枚です。
資料はお手元《てもと》にございますでしょうか。

それでは、発表に移らせていただきます。

58

近年《きんねん》、日本の合計特殊出生率《ごうけいとくしゅしゅっしょうりつ》は低下し続け、いわゆる少子化《しょうしか》問題が深刻化しています。

合計特殊出生率《ごうけいとくしゅしゅっしょうりつ》とは、1人の女性が生涯《しょうがい》に産《う》むと思われる子供の平均数のことで、15歳から49歳までの女性の年齢ごとの出生率《しゅっしょうりつ》を合計し、1人の女性が生涯《しょうがい》、何人の子供を産《う》むかを推計《すいけい》するものです。

グラフ1をご覧《らん》ください。

グラフ1は、日本の合計特殊出生率《ごうけいとくしゅしゅっしょうりつ》を表したものです。

人口維持《いじ》には、2.08人が必要であると言われていますが、1974年以降、この、2.08人を超えることはなく、減少《げんしょう》傾向に歯止《はど》めがかからず、2004年には1.29人となっています。

59

グラフ1　合計特殊出生率《ごうけいとくしゅしゅっしょうりつ》の推移《すいい》

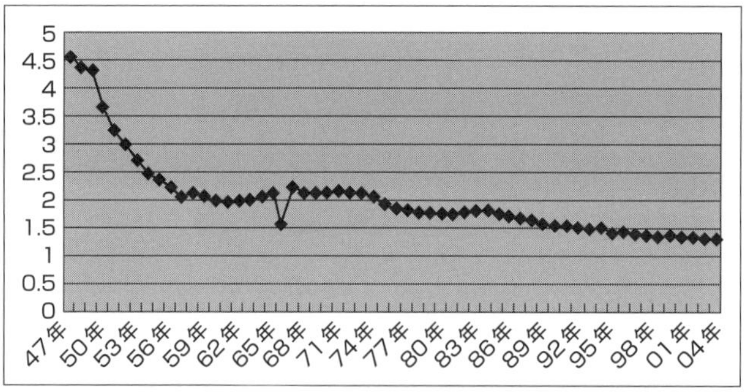

厚生労働省《こうせいろうどうしょう》「人口動態統計《じんこうどうたいとうけい》」より

この少子化《しょうしか》問題が深刻に受《う》け止《と》められ始めたのは、合計《ごうけい》特殊出生率《とくしゅしゅっしょうりつ》が1.57人となった1990年と言われており、それ以降、様々な対策《たいさく》が取られてきました。

60

最初の具体的な対策《たいさく》は、1994年の「エンゼルプラン」です。

エンゼルプランとは、育児を夫婦や家庭だけの問題ととらえるのではなく、国や地方《ちほう》公共団体《こうきょうだんたい》をはじめ、企業《きぎょう》・職場や地域社会も含めた社会全体で育児を支援《しえん》していくことを狙《ねら》いとしています。

具体的には、子供を預けることができる保育所《ほいくしょ》を増やし、0歳から2歳までの小さな子供や、夜間でも子供を預けることができるような多様なサービスの充実《じゅうじつ》、地域で育児を支援《しえん》する施設《しせつ》の整備が進められることとなりました。

61

その後、1999年には、保育《ほいく》サービス関係ばかりでなく、仕事と育児の両立《りょうりつ》、育児の負担感の軽減《けいげん》を目的とした、「新エンゼルプラン」がスタートし、2002年には、「男性を含めた働き方の見直《みなお》し」や「地域における育児支援《しえん》」なども含めて、社会全体が一体となって総合的《そうごうてき》な取《と》り組《く》みを進めていこうという、「少子化対策《しょうしかたいさく》プラスワン」がまとめられました。

62

しかし、これらの対策《たいさく》にもかかわらず、グラフ1からも分かるように、少子化《しょうしか》傾向に歯止《はど》めをかけることができませんでした。

それでは、なぜ、この少子化《しょうしか》傾向に歯止《はど》めをかけることができなかったのでしょうか。

63

少子化《しょうしか》の原因の1つは、晩婚化《ばんこんか》であると言われていますが、本研究では、「仕事のためには、独身のほうが都合が良い」「家事、育児に対する負担感、拘束感《こうそくかん》が大きい」[1]ことが女性が結婚しない要因《よういん》の1つであることに注目し、育児と仕事の両立《りょうりつ》という観点《かんてん》から、少子化《しょうしか》の原因について検討《けんとう》していきたいと思います。

64

本発表では、まず、育児をしながら仕事を続けるために必要な、保育《ほいく》サービスの現状と問題点について述べます。次に、企業《きぎょう》の育児休業制度について述べ、さらに、男性の育児に対する考え方と現状について考察《こうさつ》していきます。最後に、育児と仕事の両立《りょうりつ》という観点《かんてん》から、少子化《しょうしか》の原因をまとめ、今後の課題《かだい》について、触れたいと思います。

65

それでは、早速、保育《ほいく》サービスの現状と問題点に移りたいと思います。

問題の回答例

(1) 合計特殊出生率《ごうけいとくしゅしゅっしょうりつ》とは、1人の女性が生涯《しょうがい》に産《う》むと思われる子供の平均数のことです。

(2) 日本の合計特殊出生率《ごうけいとくしゅしゅっしょうりつ》は、減少《げんしょう》傾向が続いており、2004年には1.29人となっています。

(3) 1994年に、育児支援《しえん》を狙《ねら》いとした「エンゼルプラン」、1999年に仕事と育児の両立《りょうりつ》、育児の負担感の軽減《けいげん》を目的とした「新エンゼルプラン」、2002年には、社会全体の総合的《そうごうてき》な取《と》り組《く》みとして「少子化対策《しょうしかたいさく》プラスワン」がまとめられました。

(4) 少子化《しょうしか》傾向に歯止《はど》めをかけることはできませんでした。

(5) 女性の「仕事のためには、独身のほうが都合が良い」「家事、育児に対する負担感、拘束感《こうそくかん》が大きい」という意識が、原因として考えられます。

(6) 育児と仕事の両立《りょうりつ》という観点《かんてん》から、少子化《しょうしか》の原因について明らかにしていきます。

(7) 保育《ほいく》サービスの現状と問題点についてです。

1　資料：内閣総理大臣官房広報室《ないかくそうりだいじんかんぼうこうほうしつ》『男女共同参画社会《だんじょきょうどうさんかくしゃかい》に関する世論調査《よろんちょうさ》（平成《へいせい》9年9月）』による

第８課

表現

〈前置《まえお》き（わびる）〉

すみません……

ちょっと説明が分かりにくかったと思いますので、
ちょっと説明が足りませんでしたので、
説明不足でしたので、

……について、
もう一度説明させていただきます。
補足《ほそく》させていただきます。

○質問する時に、「自分の聞き方が悪かった」「聞いていなかったかもしれない」という気持ちで質問をするように、回答する時も、「自分の説明が悪かったかもしれない…」という気持ちで、最初に「おわび」をすることが多いです。
お互いに不快《ふかい》にならないよう、注意しましょう。

〈確認〉

このようなお答えでよろしいでしょうか。
これでお答えになりますでしょうか。
よろしいでしょうか。

○「確認」は、質問に対して、適切に回答できたかを確認するだけでなく、「回答はこれで終わりです」ということを質問者に伝える役割も持っています。

スクリプト 65～71

65

それでは、早速、保育《ほいく》サービスの現状と問題点に移りたいと思います。

66

保育《ほいく》サービスの代表的な存在が保育所《ほいくしょ》です。保育所《ほいくしょ》とは、親が仕事などの理由で、育児ができない間、子供を預かり、育てることを目的とする施設《しせつ》のことです。

67

グラフ2をご覧《らん》ください。

グラフ2は、保育所《ほいくしょ》の数と保育所《ほいくしょ》を利用している子供の数を表したもので、縦棒《たてぼう》が保《ほ》育所《いくしょ》の数を、折《お》れ線《せん》が利用している子供の数を表しています。

グラフ２　保育所《ほいくしょ》の数と利用者数の推移《すいい》

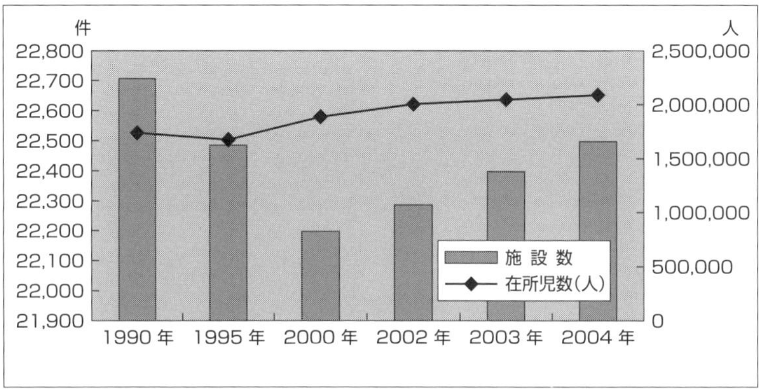

大臣官房《だいじんかんぼう》統計情報部「平成《へいせい》16年社会福祉施設等調査報告《しゃかいふくししせつとうちょうさほうこく》」より

保育所《ほいくしょ》は、1990年以降、減少《げんしょう》傾向にありましたが、2000年に底を打った後、増加傾向に転《てん》じ、2004年には、22,494件《けん》と、最も少ない2000年に比べ、295件《けん》も増えています。

それに伴《ともな》い、施設《しせつ》を利用する子供の数も、1995年の1,678,866人から、2004年の2,090,374人へと、約410,000人も増加しています。

このように、エンゼルプランが本格化《ほんかくか》するに伴《ともな》い、保育所《ほいくしょ》、利用者共に増加しており、一定の成果《せいか》があったと言えるでしょう。

68

しかし、このように、保育所《ほいくしょ》、利用者共増える一方で、保育所《ほいくしょ》に入ることを希望し、実際に入る資格《しかく》があるにもかかわらず、様々な理由で入ることができない状態《じょうたい》にある、待機児童《たいきじどう》もまだまだ多く存在します。

グラフ3をご覧《らん》ください。

グラフ3は、待機児童数《たいきじどうすう》の推移《すいい》を表したグラフです。

2003年以降、減少《げんしょう》傾向が続いているとはいえ、まだ、23,000人以上の待機児童《たいきじどう》がいることが分かります。

69

グラフ3　待機児童数《たいきじどうすう》の推移《すいい》

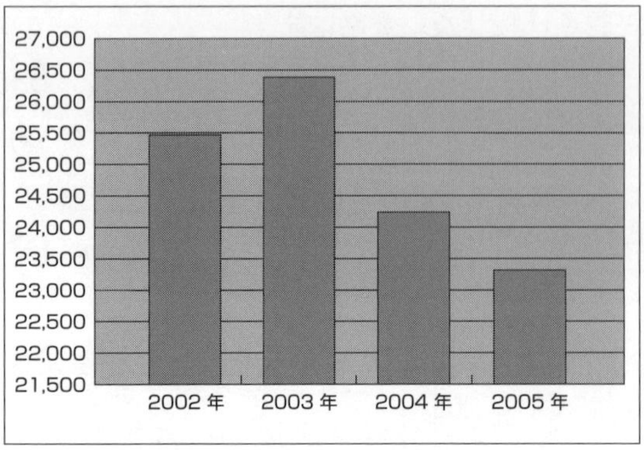

厚生労働省《こうせいろうどうしょう》「保育所《ほいくしょ》入所《にゅうしょ》待機児童数《たいきじどうすう》調査《ちょうさ》」(2006)より

次に、表1をご覧《らん》ください。

表1は、2004年の待機児童数《たいきじどうすう》の多い市町村《しちょうそん》の上位《じょうい》10位を表したものです。

横浜市《よこはまし》が1,190人で最も多く、次《つ》いで、大阪市《おおさかし》、堺市《さかいし》、川崎市《かわさきし》と続いています。

この表から、横浜市《よこはまし》や大阪市《おおさかし》のような大都市《だいとし》ばかりではなく、大都市周《だいとししゅう》辺《へん》の中規模《ちゅうきぼ》な都市にも待機児童《たいきじどう》が多いことが分かります。そして、これら上位《じょうい》10の都市で全体の約3割《わり》を占めており、待機児童数《たいきじどうすう》は、地域によっても大きく異なることが分かります。

70

表1　待機児童《たいきじどう》の多い市町村《しちょうそん》

	2004年		
	都道府県《とどうふけん》	市町村《しちょうそん》	待機児童数《たいきじどうすう》
1	神奈川県《かながわけん》	横浜市《よこはまし》	1190
2	大阪府《おおさかふ》	大阪市《おおさかし》	919
3	大阪府《おおさかふ》	堺市《さかいし》	868
4	神奈川県《かながわけん》	川崎市《かわさきし》	755
5	兵庫県《ひょうごけん》	神戸市《こうべし》	623
6	大阪府《おおさかふ》	東大阪市《ひがしおおさかし》	489
7	宮城県《みやぎけん》	仙台市《せんだいし》	462
8	愛知県《あいちけん》	名古屋市《なごやし》	461
9	福岡県《ふくおかけん》	福岡市《ふくおかし》	447
10	神奈川県《かながわけん》	相模原市《さがみはらし》	410

厚生労働省《こうせいろうどうしょう》「保育所《ほいくしょ》入所《にゅうしょ》待機児童数《たいきじどうすう》調査《ちょうさ》」(2006)より

以上のことから、エンゼルプランの実施《じっし》により、保育所《ほいくしょ》が増え、以前よりも子供が預けやすくなっているものの、地域によっては、いまだに多くの待機児童《たいきじどう》がおり、育児と仕事の両《りょう》立《りつ》が難しい状況であると言えるでしょう。

このように子供を保育所《ほいくしょ》に預けられない場合、育児のために長期にわたって、仕事を休む必要が出てきます。

それでは、日本の育児休業制度はどのようになっているのでしょうか。

71

次に、育児休業制度について、検《けん》討《とう》していきたいと思います。

問題の回答例

（1）保育所《ほいくしょ》とは、親が仕事などの理由で、育児ができない間、子供を預かり、育てることを目的とする施設《しせつ》のことです。

（2）保育所《ほいくしょ》も、利用している子供の数も増加傾向にあります。

（3）待機児童《たいきじどう》とは、保育所《ほいくしょ》に入ることを希望し、実際に入る資格《しかく》があるにもかかわらず、様々な理由で入ることができない状態《じょうたい》にある子供のことです。

（4）大都市《だいとし》だけでなく周辺《しゅうへん》の中規模《ちゅうきぼ》な都市にも待機児童《たいきじどう》が多く、地域によっても大きく異なるという特徴《とくちょう》があります。

（5）保育所《ほいくしょ》が増え、以前よりも子供が預けやすくなりました。

（6）育児のために長期にわたって、仕事を休む必要が出てきます。

（7）次に、育児休業制度についての話が続きます。

第９課

表現

〈回答〉

はい、……です。

……は、｜……と考えられます。｜
　　　　｜……と思われます。｜

〈例／根拠《こんきょ》〉

例えば、……の調査によると｜……となっています。｜
　　　　　　　　　　　　　｜……という結果が出ています。｜

それは、……のためです。

〈まとめ〉

｜以上のようなことから、｜｜……ということが言えます。｜
｜このような結果から、　｜｜……ということが言えるのではないでしょうか。｜

〈課題《かだい》〉

しかし、｜……までは分かりませんでした。｜
　　　　｜……という問題が残りました。｜

その点については、今後の課題《かだい》としたいと思います。

スクリプト 71～77

71

次に育児休業制度について、検討《けんとう》していきたいと思います。

72

まず、育児休業制度がある、企業数《きぎょうすう》を見てみようと思います。

グラフ4をご覧《らん》ください。

グラフ4は、育児休業制度のある会社の割合を表しています。

太い線は、従業員数《じゅうぎょういんすう》500人以上の企業《きぎょう》、点線《てんせん》は、従業員数《じゅうぎょういんすう》500人未満の企《き》業《ぎょう》、細い線は、従業員数《じゅうぎょういんすう》30人以上100人未満の企業《きぎょう》の割合をそれぞれ表しています。

グラフ 4　育児休業制度のある会社の割合

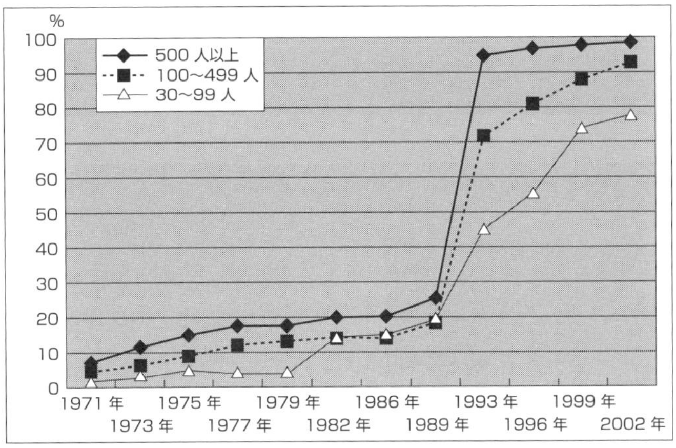

厚生労働省《こうせいろうどうしょう》「女子《じょし》保護《ほご》実施《じっし》状況《じょうきょう》調査《ちょうさ》」「女性《じょせい》雇用《こよう》管理《かんり》基本《きほん》調査《ちょうさ》」
（2003）より

このグラフから、企業《きぎょう》の大きさにかかわらず、1993年以降、急激《きゅうげき》に増加していることが分かります。

73

これは、1992年に育児休業法が制定《せいてい》されたためだと考えられます。

育児休業法とは、男女《だんじょ》共、1歳になる前の子供がいる場合、子供が1歳6か月になるまで、仕事を休むことができるという法律です。

このような法律の整備により、企業《きぎょう》における育児休業制度の整備が進んだと考えられます。

それでは、この育児休業制度は、実際に、どのぐらい利用されているのでしょうか。

74

次に、育児休業の取得率《しゅとくりつ》について見ていきたいと思います。

グラフ5をご覧《らん》ください。
グラフ5は、育児休業取得率《しゅとくりつ》の推移《すいい》を男女別《だんじょべつ》に表したものです。
点線《てんせん》が女性を、実線《じっせん》が男性を表しています。

グラフ 5　育児休業取得率《しゅとくりつ》の推移《すいい》

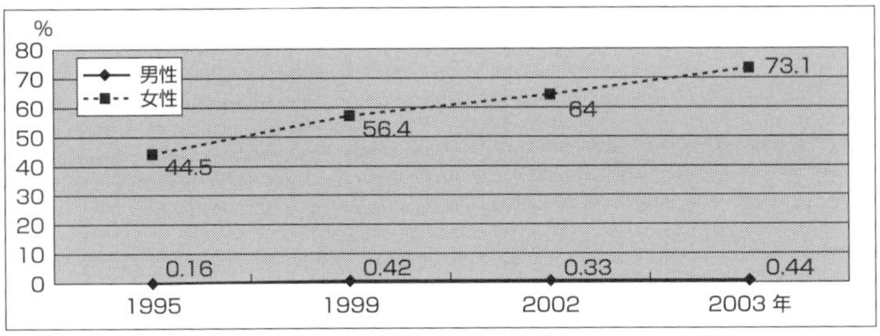

厚生労働省《こうせいろうどうしょう》 白書等《はくしょとう》データベースシステムより

女性の取得者《しゅとくしゃ》は、年々《ねんねん》、増加傾向にあり、2003年には73.1%にまで達しています。これに対して、男性の割合は、1995年の0.16%から、ゆるやかな増加傾向にあるものの、2003年でも、わずか0.44%にすぎません。

このことから、制度的には男女《だんじょ》共、育児休業が取れるにもかかわらず、実際には、ほとんど女性しか利用していないということが分かります。

それでは、なぜ、このように男女差《だんじょさ》があるのでしょうか。

75

次に、グラフ6をご覧《らん》ください。

グラフ6は、育児休業中の金銭《きんせん》の支給の有無を企業規模別《きぎょうきぼべつ》に表したものです。

グラフ6　企業規模別《きぎょうきぼべつ》育児休業中の金銭《きんせん》支給率（2000年）

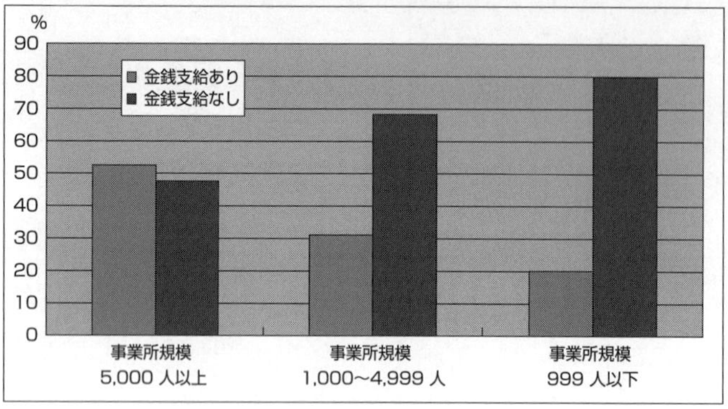

厚生労働省《こうせいろうどうしょう》「女性雇用管理基本調査《じょせいこようかんりきほんちょうさ》」（2000）より

グラフ6を見ると、企《き》業《ぎょう》規模《きぼ》が5,000人以上の大企業《だいきぎょう》においても、金《きん》銭《せん》の支給は、52.3%にとどまっています。そして、企業《きぎょう》規模《きぼ》が小さくなるほど、金銭《きんせん》支給の割合が低くなり、1,000人以下の企《き》業《ぎょう》では、わずか20.1%にすぎません。

このような状況で男女《だんじょ》共に育児休業を取った場合、収入がほとんどなくなってしまい、育児どころではなくなってしまうのではないでしょうか。

76

以上のことから、育児休業法ができ、育児休業を取りやすくなったものの、休暇を取ったところで、金銭的支援《きんせんてきしえん》が何もなく、夫婦が共に育児休業を取ることは極《きわ》めて困難な状況だと言えます。

そして、どちらが育児休業を取るかとなった時、古くから女性が家庭で家事、育児をし、男性が外で働くという役割分担《ぶんたん》意識があるために、多くの場合、女性が仕事を休んで育児に専念《せんねん》することになり、女性の負担感が大きくなっているのではないでしょうか。

それでは、男性は、育児について、どのように感じ、どの程度の時間を費《つい》やしているのでしょうか。

77

次に、男性の育児時間と、育児に対する考え方について見ていきたいと思います。

問題の回答例

（1）1993年以降、急激《きゅうげき》に増加しています。

（2）1992年に育児休業法が制定《せいてい》されたことです。

（3）男女《だんじょ》とも、1歳になる前の子供がいる場合、子供が1歳6か月になるまで、仕事を休むことができます。

(4) 女性の育児休業取得率《しゅとくりつ》は、年々《ねんねん》、増加傾向にあります。

(5) 企業規模《きぎょうきぼ》が小さくなるほど、金銭《きんせん》支給の割合が低くなる傾向があります。

(6) 夫婦が共に育児休業を取ることが難しく、また、古くから女性が家庭で家事、育児をし、男性が外で働くという役割分担《ぶんたん》意識があるためだと考えられます。

(7) 次に、男性の育児時間と、育児に対する考え方についての話が続きます。

第10課

表現

〈前置《まえお》き〉

確かに	……という問題があります。
おっしゃる通り	……ということも考えられます。

〈反論《はんろん》〉

これは、……ためだと考えられます。

……が原因だと考えられます。

しかし、	……という例があります。
	……という調査結果もあります。
	……と考えることができます。

〈理由／例〉

実際（に）	……です。
	……という調査結果もあります。

その理由は　……です。

具体的な例を挙《あ》げると……

……が具体的な例として挙《あ》げられます。

〈まとめ〉

ですから、	……と考えられます。
このような結果から	……と言えるのではないでしょうか。
ですから、私は／本研究では	……と考えています。
このような結果から、やはり	……と言えるのではないでしょうか。

スクリプト 77～82

77

次に男性の育児時間と、育児に対する考え方について見ていきたいと思います。

78

まず、男性の育児時間を見てみましょう。

グラフ7をご覧《らん》ください。

グラフ7は、既婚者《きこんしゃ》の男女別《だんじょべつ》の1日の育児時間を表したものです。

グラフ７　男女別既婚者《だんじょべつきこんしゃ》の１日の育児時間

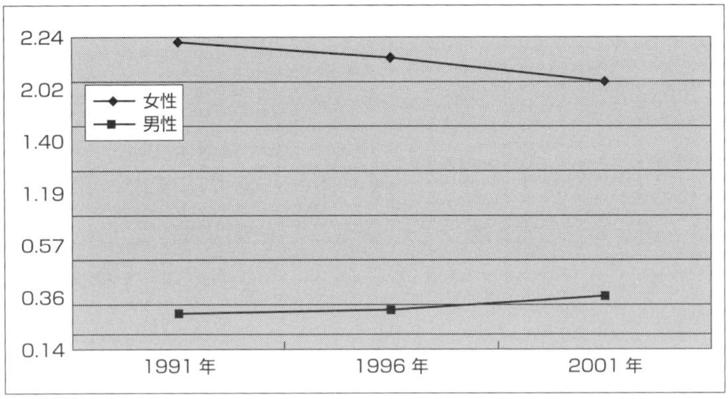

総務省《そうむしょう》「社会生活基本調査」（2002）より

女性が、1日、平均2時間以上を育児に費《つい》やしているのに対して、男性は、緩《ゆる》やかな増加傾向にあるとはいえ、2001年でも、わずか18分にすぎません。

それでは、男性がこのように短時間しか育児をしないのはなぜなのでしょうか。

79

そこで、次に、男性が育児についてどのように考えているかについて見てみようと思います。

グラフ8をご覧《らん》ください。

グラフ8は、男性の育児に対する意識について調べたものです。

グラフ８　男性の育児に対する意識

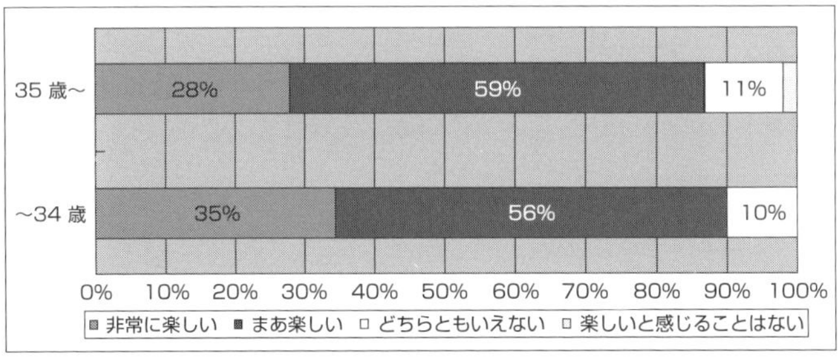

インターネットリサーチ「DR1」「『育児』に関する調査」（2003）より

グラフ8を見ると、育児に対して、34歳以下で「非常に楽しい」と答えた人が35%、「まあ楽しい」と答えた人が56%で、育児に肯定的な人は全体の約9割《わり》を占めています。同様に、35歳以上の人も、「非常に楽しい」が28%、「まあ楽しい」が59%と、34歳以下の若い世代《せだい》に比べ少ないものの、多くの人が育児に対して肯定的です。

これらの結果から、世代《せだい》にかかわらず、男性が育児に対して肯定的評価をしていると言えるでしょう。

それでは、育児に肯定的であるにもかかわらず、男性の育児の時間が少ないのはなぜでしょうか。

80

そこで、次に、男性の労働時間について見ていきたいと思います。

グラフ9および10をご覧《らん》ください。

グラフ9は、週に60時間以上働く男性の年代別の割合を表したもので、グラフ10は、父親の帰宅時間を表したものです。

グラフ9を見ると、労働時間は、どの年代も、年々《ねんねん》、増加傾向にありますが、30代の男性が最も多く、約26%の人が、週60時間以上働いていることが分かります。

また、グラフ10を見ると、父親の帰宅時間で最も多いのが、19時以降21時未満の36%で、次《つ》いで、21時以降23時未満の33%と続いており、両者で、全体の約7割《わり》を占めていることが分かります。

グラフ 9　週に 60 時間以上働く男性の割合

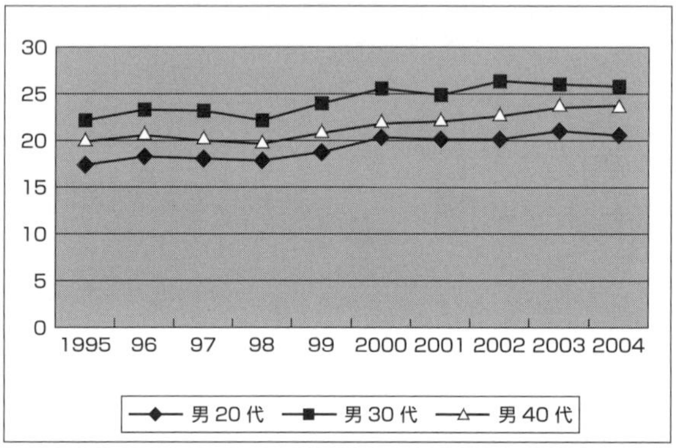

総《そう》務《む》省《しょう》「労働力調査」(2005) より

グラフ 10　父親の帰宅時間

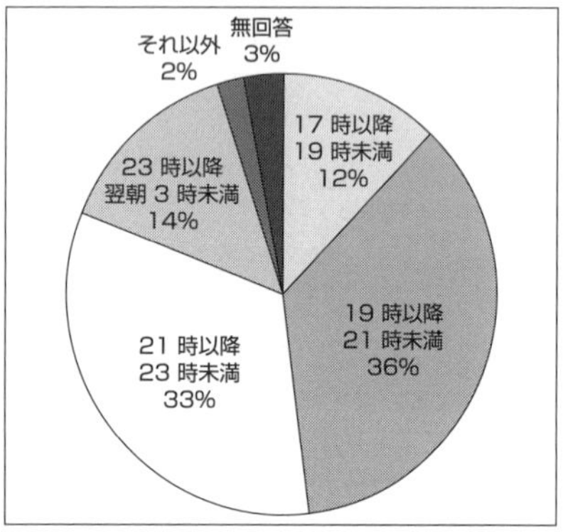

(株)UFJ 総合研究所《そうごうけんきゅうじょ》(厚生労働省《こうせいろうどうしょう》委《い》託調査《たくちょうさ》)
「子育て支援策等《しえんさくとう》に関する調査研究」
(2003) より

81

これら2つのグラフから、30代の男性のほぼ4人に1人が週に60時間以上働いており、また、父親の約半数が、夜9時以降に帰宅しているという現状が分かります。

このように、労働時間が長く、帰宅時間が遅いという現状では、たとえ望んでいたとしても、家事、育児に十分な時間を割《さ》ける状況ではないと考えられます。

82

以上のことから、男性は、育児に対して、肯定的である一方、そのための十分な時間がなく、結果的に、育児に対する女性の負担感が高まっていると言えるのではないでしょうか。

問題の回答例

（1）緩《ゆる》やかな減少《げんしょう》傾向にあります。

（2）緩《ゆる》やかな増加傾向にありますが、2001年でも、わずか18分にすぎません。

（3）多くの男性が育児に対して肯定的な評価をしています。

（4）男性の労働時間は、年々《ねんねん》、増加傾向にあり、30代の男性が最も多くなっています。

（5）労働時間が長く、帰宅時間が遅いためだと考えられます。

第11課

表現

〈質問の確認をする〉

すみません、ちょっと、確認したいのですが、
- 今のご質問は……ということでよろしいでしょうか。
- ○点目のご質問は、……ということでしょうか。

すみません、もう1度、ゆっくりとお願いします。

すみません、もう1度、簡単な日本語でお願いします。

〈調べていない／研究の対象としていない場合〉

申《もう》し訳《わけ》ありませんが、その点については、まだ調べておりません。
今後の課題《かだい》とさせていただきます。ご指摘《してき》、ありがとうございました。

その点につきましては、今回の研究対象とはしておりません。
今後の課題《かだい》とさせていただきます。ありがとうございました。

〈手元《てもと》に資料がない／時間がない場合〉

- 申《もう》し訳《わけ》ありませんが、今、手元《てもと》に資料がございません。
- その質問に答えるには、十分な時間がございませんので、

その点については、後《のち》ほど答えさせていただきます。

スクリプト 83～88

83

以上、育児と仕事の両立《りょうりつ》という観点《かんてん》から、少子化《しょうしか》の原因を考えてきましたが、その結果として、以下の3点が明らかとなりました。

まず、1点目は、地域によっては保育所待機児童《ほいくしょたいきじどう》がいまだ存在しており、子供を預けて仕事をするのが困難な状況にある人もいるということです。

2点目は、育児休業制度があるものの、休業中の経済的な保障《ほしょう》がほとんどなく、男女《だんじょ》が共に育児休業制度を利用できる状況になく、女性が育児の中心となってしまうということです。

そして、3点目は、育児期にある30歳代男性の4人に１人は週60時間以上仕事をしており、帰宅時間も遅いなど、子供に向《む》き合《あ》う十分な時間を持つことができない働き方となっており、女性の育児に対する負担感が高《たか》まっているのではないかということです。

84

以上のことから、働く意欲《いよく》のある女性にとって、現在は育児と仕事の両立《りょうりつ》が困難な状況であり、その結果、結婚しない、結婚しても子供を産《う》まないといった現象が起こっていると考えられます。もちろん、少子化《しょうしか》の原因は、これだけではありません。しかし、このように女性が、育児に負担を感じる現状が、近年《きんねん》の少子化《しょうしか》の大きな原因の一つと言えるでしょう。

85

少子化《しょうしか》は、労働力の減少《げんしょう》や、社会保障《ほしょう》負担の増大など、様々な影響《えいきょう》を与えると言われています。そういった意味でも、今後、少子化《しょうしか》問題をより深く考え、その解決を図《はか》ることが重要であると言えるでしょう。

86

以上、本研究では、育児と仕事の両立《りょうりつ》という観点《かんてん》から少子化《しょうしか》の原因を考えてきました。

その結果、現在でも、日本では育児の負担が女性に集中しており、働く意欲《いよく》のある女性にとって、両立《りょうりつ》が困難な状況であることが分かりました。また、そのために、女性が結婚しない、結婚しても子供を産《う》まないという選択《せんたく》をしている可能性を指摘《してき》しました。

87

しかし、本研究では、その解決策《かいけつさく》について検討《けんとう》することができませんでした。今後は、さらに多様《たよう》な背景《はいけい》を持つ女性を対象に、育児に対する意識やニーズを調べ、その解決策《かいけつさく》について研究していきたいと思います。

88

以上で発表を終わります。

ご意見、ご質問等ございましたら、よろしくお願いいたします。

問題の回答例

（1）・地域によっては保育所待機児童《ほいくしょたいきじどう》がいまだ存在しており、子供を預けて仕事をするのが困難な状況にある人もいることです。

・育児休業制度があっても経済的な保障《ほしょう》がほとんどないため、男女《だんじょ》が共に育児休業制度を利用できる状況になく、女性が育児の中心となってしまうことです。

・育児期にある30歳代男性の労働時間が長く、帰宅時間も遅いため、子供に向《む》き合《あ》う十分な時間を持てず、女性の負担感が高《たか》まっていることです。

（2）結婚しない、結婚しても子供を産《う》まないといった現象が起こっていると考えられます。

(3) 少子化《しょうしか》は、労働力の減少《げんしょう》や、社会保障《ほしょう》負担の増大などの影響《えいきょう》を与えると言われています。

(4) 育児に対する意識やニーズを調べ、その解決策《かいけつさく》について研究することです。